Filosofía
para
desconfiados

VICO

Filosofía
para
desconfiados

Cómo transformar al primate (que vive en nosotros)
en un humano seguro de sí mismo

Planeta

Diseño de portada: Diana Urbano Gastélum
Imagen de portada: © Shutterstock / iku4
Diseño de interiores: Fernando Ruiz

© 2019, David Pastor Vico

Derechos reservados

© 2019, Editorial Planeta Mexicana, S.A. de C.V.
Bajo el sello editorial PLANETA M.R.
Avenida Presidente Masarik núm. 111, Piso 2
Colonia Polanco V Sección, Miguel Hidalgo
C.P. 11560, Ciudad de México
www.planetadelibros.com.mx

Primera edición en formato epub: junio de 2019
ISBN: 978-607-07-5898-0

Primera edición impresa en México: junio de 2019
Segunda reimpresión en México: diciembre de 2019
ISBN: 978-607-07-5862-1

Impreso en los talleres de Litográfica Ingramex, S.A. de C.V.
Centeno núm. 162-1, colonia Granjas Esmeralda, Ciudad de México
Impreso y hecho en México - *Printed and made in Mexico*

Índice

Antes de empezar

■

Escribí este libro con la única intención de plasmar, negro sobre blanco, muchas de las ideas que he compartido durante años en conferencias y charlas en diferentes espacios universitarios, en colaboraciones televisivas, radiofónicas y en prensa escrita, e hilar así, de la mejor manera posible, líneas de pensamiento que, entendía, podían servir de pegamento para llegar, quizá, a algún lugar más sustancioso. Aunque siempre supe que no me bastaría con un solo libro, y que este sería el primero de una serie que habré de ir completando con los años.

Filosofía para desconfiados, por consiguiente, no pretende ser un manual de filosofía aunque pueda usarse como tal, ni un libro original en cada una de sus partes, eso se escapa de mis posibilidades. Es un libro que puede leer casi todo el mundo, es cierto, y basta con no tener miedo a la palabra impresa y estar dispuesto a asumir que otro (yo en este caso) pueda tener algo interesante y útil para contar.

La divulgación y la crítica filosófica no son un campo yermo y seco, como alguno pudiera imaginarse, y lo último que querría es que *Filosofía para desconfiados* fuera una obra endogámica solo apta para filósofos o eruditos, ni mucho menos. La divulgación es un género que necesita apoyarse en disciplinas hermanas, como la antropología, la sociología, la biología y otras tantas más para, aun así, presentar un universo muy limitado, que si bien no contesta todas nuestras preguntas, sí nos invita a seguir investigando o, por lo menos, empezar a ver el mundo con ojos más críticos y curiosos.

Ojalá lo haya conseguido.

Filosofía para desconfiados

∎

Que el mundo es una mierda es algo que muchos repiten sin cesar, creyendo que están descubriendo una gran verdad solo develada ante sus ojos. Lamentablemente, no creo que nadie en concreto pueda adjudicarse el *copyright* de semejante verdad trascendental. Que el mundo es una mierda lo supieron en todo momento nuestros antepasados mientras corrían ante algún depredador por las sabanas africanas hace 200 000 años. Y aún hoy nos lo repetimos cuando nos empujan en el metro o aguardamos en la sala de urgencias de algún hospital a que nos atiendan, mientras la vesícula biliar amenaza con destrozarnos las entrañas. Definitivamente el mundo, en esos momentos, es una auténtica mierda.

El problema fundamental de la mayoría de nosotros es que no tenemos más referencia del mundo y del tiempo que nuestra propia vida. Nos convertimos en el único referente válido ante nuestro entendimiento del paso del tiempo y de cómo se desarrollan las cosas.

Es duro descubrir que en la cabeza de cada cual pasa básicamente lo mismo, y que nuestro sentimiento de unicidad no es más que, en el mejor de los casos, un espejismo con raíces en nuestra propia estupidez individualista. Todo aquello que pasó antes de que tuviéramos conciencia del mundo se nos representa lejano, poco definitorio y, en muchos casos, fantasioso o simplemente imposible y, a la sazón, nos importa un carajo. Viajamos por la existencia con la sensación pueril de que todo lo que pasa es por algún motivo que tiene que ver con nosotros y, si por el contrario, no nos afecta, entonces es poco relevante o simplemente no existe. De modo que tenemos la omnisapiente sensación de que todo lo que de alguna manera nos afecta es competencia de nuestro entendimiento y podemos resolverlo, entenderlo y razonarlo por nuestros propios medios, sin más mediación del «otro» que la que me interese o convenga en ese momento.

Con la simpleza del mecanismo básico de un cajón que se abre y se cierra, el animal humano reduce todo el mundo al filtro deficiente de su pensamiento individualista, creyendo estúpidamente que en el fondo está en posesión de lo verdadero, de lo cierto, de lo definitorio, y además se considera un ente autónomo y crítico. ¿Y qué más?

Los filósofos somos esos ociosos por vocación que hemos inventado, como el primer poeta en su día, un género literario basado en crear posibilidades de entendimiento del mundo, haciendo uso de un recurso intelectual al que se le dio el nombre de *logos*. Así, nos atribuimos la capacidad de hacer pasar a la humanidad de una época de oscurantismo, magia y mitos a un nuevo y luminoso mundo racional. Cuando este nos quedó pequeño, nos trasladamos a la posibilidad de un hipotético mundo del cálculo lógico-matemático, al que descubrimos como una buena herramienta para entender el otro mundo sensible que ya teníamos suficientemente retorcido y trastornado. Cuando también acabamos con el mundo formal, nos inventamos —no sé si antes, después o al mismo tiempo— un cosmos virtual, metafísico u ontológico, al que volvimos a dar características de los aparentemente superados relatos mágico-míticos y, removiendo con el cucharón de la vehemencia por demostrar que el guiso estaba quedando sabroso, reventamos el poco sentido común que aún pudiera quedar en el mal llamado *Mundo de Sofía*.

Desde la búsqueda de la verdad hasta la pura especulación racional y el positivismo lógico más radical, se ha desarrollado un blindaje de formas para desmembrar la realidad, hasta el punto de intentar —ya en la posmodernidad— desechar las posibilidades de los grandes discursos y los sistemas complejos de pensamiento, y dar lectura a cuestiones particulares sin intentar unirlas más que con ellas mismas. Pero como no nos podemos estar quietos, ni mucho menos calladitos, no nos resistimos a hacer reinterpretaciones de la realidad, relecturas de textos que en muchas ocasiones no deberían ser más que un adorno de anaquel de librería de viejo. Se emprenden especulaciones sobre tal o cual línea de pensamiento en desuso y sus posibilidades aplicadas, o sobre qué pensaría fulano si hubiera tenido la oportunidad de leer los textos de mengano que nació 700 años después, o enfrentamientos pugilísticos entre obras que jamás tuvieron el interés de enfrentarse, porque simplemente se construyeron en siglos y espacios diferentes. En definitiva, seguimos enmarañando una realidad que ya no nos tiene paciencia ni nos valora más allá de lo meramente anecdótico.

Los filósofos no están en los consejos de ministros, en los círculos de banqueros, en los comités de empresas internacionales. Los filósofos son como las aves disecadas de los museos de ciencia natural de siglos pasados. Solo servimos para ser señalados con cierta curiosidad morbosa y para acumular polvo sobre las urnas de cristal que nos salvaguardan del mundo real y que, por contrapartida, nos brindan una visión desenfocada y poco acertada de qué está pasando realmente al otro lado del fanal que nos aprisiona.

Visto lo visto…

Así pues, ¿cómo empezar a desollar la realidad si yo mismo he puesto en tela de juicio esta acción tan filosófica líneas atrás? Pues supongo que asumiendo la arrogancia del intento y confiando en que el lector entienda que, lejos de pretender desvelar una verdad absoluta, si conseguimos acercarnos un poco a aquellas posibilidades que nos hacen ser como somos, y si no nos confundimos demasiado, nos habremos adelantado considerablemente respecto a aquellos que apuntando a la luna solo consiguen que los más incautos les miren atónitos el dedo con el que señalan, para que otros más listos les roben la cartera. Si aun así no confías y dudas, bienvenido a mi mundo, te invito a que te tomes estas palabras como un mero ejercicio literario y especulativo que, en el peor de los casos, lo mismo te sirve para regalar algún dato curioso en una reunión de amigos, ganar el quesito marrón en el Trivial Pursuit,[1] o echarte alguna apuesta exótica con algún incauto que no conozca la máxima popular de la idiocia: «La ignorancia es muy temeraria».

Y aquí empieza esto

La idea del dualismo es un lugar común en la filosofía occidental y, en gran medida, es un préstamo de creencias orientales anteriores que penetraron en nuestro mundo desde el puerto griego de El Pireo hace más de 3 000 años. Desde entonces, parece que todo se descompone en dos supuestas realidades, o aspectos, que pocos discuten y que, por convención de vaguedades, todos aceptamos de una u otra forma, ya sea por omitir la discusión, o bien, como un sesgo más de nuestro léxico. Esto es, si hablamos de *kosmos noetós* y *kosmos horatós*, alma y cuerpo, razón y fe, *res cogitans* y *res extensa*, espíritu y materia, en el fondo estamos hablando de esa dualidad que creemos que existe en el animal humano… Aunque la mayoría solo haya entendido lo de alma y cuerpo, razón y fe o espíritu y materia, no importa y no te preocupes.

Así, durante siglos, hemos repetido obedientemente que el ser humano se compone de alma y cuerpo, y le hemos asignado al cuerpo lo puramente animal y en el alma hemos ubicado todas esas características que creemos que nos definen como humanos. Eso estuvo

---

[1] El Trivial Pursuit es un juego de mesa canadiense que se vende en más de 20 países y consiste en responder preguntas variadas para ir sumando aciertos. Cada pregunta es de un color según su temática y las concernientes a cultura (literatura y arte) son marrones. Al responder las preguntas en determinadas casillas se logra una ficha en forma de cuña con el color de la pregunta (de ahí el nombre de *quesito marrón*).

muy bien mientras la Tierra era plana y el Sol giraba a su alrededor, pero ya hace tiempo que explicaciones tan peregrinas y fantasiosas son de escaso valor para quienes tenemos el feo hábito de dudar de las cosas. Sin embargo, esto no es obstáculo para que, ante la pregunta de si el ser humano tiene alma, la mayoría de la gente diga que sí sin pensárselo. Claro que si les preguntamos si dudan de la llegada de Neil Armstrong a la Luna en 1969 también la mayoría dirá que sí, que dudan, y por supuesto también lo dirán sin pensarlo. Y no faltarán aquellos que juren y perjuren que Santa Claus era verde hasta que Coca-Cola lo enfundó en su lustroso traje rojo en los años treinta del siglo xx. De estas inconsistencias del pensamiento acrítico vamos a tener que hablar con más calma.

La respuesta moderna ante la pregunta por el animal humano suele acercarse hoy, normalmente, a enunciados de orden biológico o neurobiológico, ¡si bien nos va! No es extraño, entonces, que nos conformemos con oraciones tan usadas y repetidas como «somos seres racionales» y, apoyados en este supuesto, «tenemos un lenguaje articulado tal que nos permite comunicarnos con nuestros semejantes y a la vez estructurar ideas abstractas».

Como decía antes, las frases enunciativas que intentan responder a la pregunta por el hombre irán, de suerte, por estos derroteros, que no están nada mal para lo que circula por ahí. Los más doctos se acercarán a las definiciones filosóficas clásicas, como la aristotélica, que afirma que el hombre es un animal político, y los más etéreos e iluminados, como ya avanzamos antes, irán a aspectos tan confusos como el alma, el espíritu u otras construcciones culturales exóticas aún demasiado vigentes.

Hay quienes, ya pasado este trance de la respuesta rápida y facilona, se preguntan más seriamente sobre qué tenemos los humanos para ser humanos, aparte de menos pelo que nuestros primos menos evolucionados y el pene más grande de entre todos los primates.

En esta categoría de cosas se mueven los defensores de fenómenos como el *humor* o el *amor* para intentar completar, desde un plano más emocional, la difícil pregunta por el humano. Aspectos profundamente arraigados en nuestra constitución y que andan entre el sesgo animal que nos condiciona: son un ejercicio de la irracionalidad más absoluta. De ahí nuestro total desarme cuando nos preguntan la razón de por qué amamos a una persona en concreto o el sinsentido de la carcajada ante un chiste que, según los que saben, no es más que el fruto de la ruptura con el orden lógico de los acontecimientos que predecíamos y, para nuestro placer, no sucede tal como esperamos que sucediera.

Así pues, ya que no creo en fantasmas, que a la sazón debieran ser la representación extracorpórea del alma al fallecer el cuerpo, y ya que pareciera que nuestras formas de pensamiento son propensas al juego dialéctico del dualismo, me voy a permitir un juego semejante, pero no entre el trilladísimo binomio «alma y cuerpo»; más bien voy a tratar de entender al animal humano como tal, como animal y como humano. A lo mejor así, más allegados al mundo pedestre, conseguimos entender algo, o quizá no, pero auguro al menos algo de entretenimiento.

¡Es animal y es humano!

Entiendo, por todo lo dicho antes, que la pregunta por el hombre tiene absoluta vigencia a pesar de los quizá más de 3 000 años que ya llevamos dándole vueltas al tema. Y que dentro de los órdenes de respuestas, más reflexivas y holísticas ante los fenómenos que se dan de suyo al hombre por el hecho de nacer, hay uno que me llama especialmente la atención y que me gustaría estudiar como una posible cuestión tanto biológica (animal) como cultural (humana): la confianza. ¿Por qué estudiar la confianza para intentar contestar la pregunta de siempre? ¿Podría llegar a ser la confianza un rasgo más de los que distinguen al animal humano de otros animales?

Quizá sea una tonta pretensión más de filósofo disecado en busca de aportar algo nuevo, o aparentemente novedoso, no lo sé. Lo que sí presumo es que si buscamos respuestas diferentes, tendremos que acercarnos a la cuestión, al menos, con un ánimo renovado y lo más desprejuiciado posible. ¿Y si un concepto, aparentemente tan definido desde lo cultural como la confianza, nos sirviera de puente para entender un poco mejor qué es eso del animal humano? ¿Y si descubriéramos en aquella parte animal, que con tanto recelo escondemos, indicios suficientes como para poder decir que el animal humano necesitó la confianza para llegar a ser lo que ahora es, y que esta responde a una conjunción de predeterminación biológica y elaboración cultural? ¿Y si todo esto no sirve para nada?

Acerquémonos a la confianza como quien no sabe de qué habla, a ver si así, desprejuiciándonos, somos capaces de ver las aristas del asunto. Acerquémonos al concepto como el que simplemente entiende que el hecho de confiar es algo que aprendemos, o que ya está ahí, como el apéndice en el intestino grueso o las uñas al final de los dedos; algo que creemos que vamos desarrollando más agudamente cuanto más maduramos… Por alguna razón, todos damos por hecho tener fino el olfato para saber en quién confiar y en quién no hacerlo, pero no es más que una proyección pretenciosa de lo inteligentísimos que somos y de lo hábiles que nos sabemos para reconocer e identificar perfectamente al otro.

Y si a pesar de toda esta justificación, tan típica de la filosofía para abordar cualquier tema que de seguro nos llevará a otro y a otro más, no hago más que presentar finalmente más preguntas que respuestas, entonces, si no he conseguido dar ninguna respuesta que te satisfaga, quizá sí te haya conseguido hacer dudar y, con eso, créeme que me conformo.

Etimo… ¿qué?

Como buen filósofo de escuela de sólidos pilares clásicos, no puedo restarle importancia a la etimología de las palabras, aunque a veces esto pueda llevarnos a confusión y errores de bulto. Pero este no será el caso cuando hablemos de la palabra *confianza* o *confiar*.

Como cualquier párvulo puede imaginarse, «confiar» se compone de la preposición «con» y de la palabra «fiar». «Con» evoluciona del latín *cum* y significa «con» (no es complicado entenderlo, ¿verdad?) Esto es, «con» es una preposición que denota un medio, modo o instrumento que sirve para hacer algo. Y «fiar», del latín *fidere*, si lo aplicamos a una persona o cosa, estamos asegurando que cumplirá lo que promete o lo que de él se espera, e incluso pagará lo que debe, obligándose, en caso de que no lo haga, a satisfacernos por ello de cualquier otro modo, o por lo menos así lo cita la Real Academia Española de la lengua.

Así pues, poco o nada ha cambiado esta palabra en más de 2000 años de uso, si damos por similar la forma latina a la nuestra, pero ¿qué pasaría si fuera tan común a nuestra constitución como animales humanos como el pulgar oponible al resto de los dedos o nuestra posición bípeda cuando estamos sobrios, o el sentido del humor del que hablábamos antes?

¿Es el animal humano un mono sin pelo que nace confiando, o lo ha aprendido?

Y, pum, se confió

Este subtítulo es absolutamente simplista, sin embargo, para poder afrontarlo de una forma mínimamente cabal, tengo que empezar por una pregunta que pareciera que nada tiene que ver con el mismo. ¿Cuál habrá sido el sistema de organización político-económico más longevo de nuestra historia como especie?

Esta pregunta debería contestarla fácilmente, *grosso modo*, cualquiera que tenga un mínimo de conocimientos históricos.

Resumiendo a muchos, y molestando a otros tantos, podríamos decir que el periodo de vigencia de las diferentes dinastías faraónicas de Egipto debió de durar aproximadamente 3000 años; las dinastías chinas, otros casi 3000 años; el Imperio romano de Occidente, 800 años; los imperios español y británico, de 200 a 250 años aproximadamente; el gran Imperio ruso, 190 años; el comunismo soviético, 69 años, y el actual neoliberalismo económico, encabezado por Estados Unidos, desde 1991 —cuando precisamente cayó la URSS y ya el Occidente capitalista no tuvo que mantener el papel impostado del mal llamado *mundo libre*— hasta hoy; quién sabe cuántos años le queden hasta el alzamiento de China como la próxima potencia hegemónica con ese híbrido extraño entre comunismo y neoliberalismo interesado.

Pero ¿esto fue así realmente? ¿No ha podido el animal humano mantener un sistema político-económico que durara más de 3 000 años?

Si aceptamos como buenos los 200 000 años que el filósofo José Antonio Marina[2] toma como referencia aproximada del arranque de la especie humana tal como ahora la conocemos, consensuando como punto de inicio la última mutación sufrida por el *Homo sapiens sapiens*, esa que facilitó el progreso de nuestras capacidades de comunicación, tendríamos un panorama desolador.

Y es que hasta 3200 a. C. no aparecen las primeras dinastías egipcias. Bueno, me es al menos reconfortante pensar que la vieja ciudad de Ur, en Mesopotamia, data del quinto milenio antes de Cristo, pero ¿significa eso que el animal humano vagó durante más de 193 000 años en la completa anarquía? Obviamente no, porque de lo contrario, y conociéndonos ya un poco, no podríamos haber conseguido erigir ni un miserable menhir sin algún tipo de estructura política, por mínima que esta fuera.

[2] Normalmente las referencias a otros autores en este tipo de textos ensayísticos siguen unas pautas muy precisas y vigiladas por los puristas, así que daré un motivo más de crítica a este respecto, y más cuando hablo de amigos. Tengo la suerte de poder ufanarme orgulloso de mi amistad con José Antonio Marina, y si bien no sé en cuál de sus muchas obras da el dato de los 200 000 años, que yo uso con fruición, sí que se lo he escuchado en más de una docena de ocasiones en diferentes charlas, conferencias y, quizá, alguna que otra comida. Así que ya está citada la fuente, y el que quiera más ahondamiento que investigue por su cuenta.

En una de las cápsulas aleccionadoras que el programa televisivo español *La bola de cristal*[3] insertaba en casi todos los episodios durante la emisión decía: «Solo no puedes, con amigos sí», mientras un niño intentaba jugar un partido de futbol actuando como delantero, defensa y portero de ambos equipos imaginarios. Incluso para la labor más mínima que un grupo de animales humanos quiera realizar, jugar a las escondidillas o elegir a un delegado de clase, necesitará establecer las reglas y los parámetros políticos necesarios para cada ocasión porque solos, ciertamente, no podemos.

En este sentido, si algo nos permitió dar el primer paso a la entronización de los primeros reyes y faraones fue el clan, el sistema político y económico que por más tiempo mantuvo unido al ser humano. El clan o la tribu, para los más puritanos, fue la evolución política lógica del concepto de manada animal. El animal humano replicó aquello que ya hacía antes de alcanzar el bipedismo.

El clan permitió la emigración de las sabanas africanas a la colonización del resto del planeta. El clan fue determinante en las diversas luchas y alianzas entre pueblos diferentes, en las estrategias de caza y recolección. El clan fue el que inventó las primeras técnicas ganaderas y el que descubrió cómo cultivar la tierra para recolectar su fruto sin tener que buscarlo.

Y, finalmente, el clan fue el causante de su propia extinción, como el modelo sociopolítico-económico más longevo de nuestra historia, cuando nos obligó, a los animales humanos, a vivir estabulados en un mismo sitio y creó las aldeas, que después fueron pueblos y ciudades, y que posteriormente se tornaron en reinos e imperios.

En definitiva, el clan es la primera y más duradera estructura cultural, social, política y económica creada por el animal humano para su propia supervivencia; tanto es así que en los rincones más olvidados

---

[3] *La bola de cristal* fue un programa dirigido por Lolo Rico y producido por Televisión Española de emisión sabatina y enfocado a un público infantil y adolescente. Se emitió desde el 6 de octubre de 1984 hasta el 25 de junio de 1988.

del planeta todavía hay clanes prehistóricos que no han visto alterada su existencia en decenas de miles de años. Yanomamis del Amazonas, mentawais de la Indonesia o himbas del norte de Namibia: la lista ya no es tan larga, pero todos son ejemplos perfectos de clanes contemporáneos que ojalá, aunque lo dudo mucho, permanezcan durante muchos milenios más como recordatorio de nuestra esencia política y nuestros orígenes comunes.

El clan te respalda

La Real Academia Española define *clan* como un «grupo, predominantemente familiar, unido por fuertes vínculos y con tendencia exclusivista». Este vínculo familiar hoy es mal entendido en tanto que nuestras familias se reducen a la parentela más directa: abuelos, padres, hermanos y, con suerte, tíos, primos y sobrinos. Pero, si entendemos por familia todo el espectro de posibilidades entre tres, cuatro o cinco generaciones, abarcaremos más sensatamente esta definición.

No es raro encontrar pueblos y municipios cercanos a nosotros con 2 000 o 3 000 habitantes donde todos se llaman de primos y tíos, aunque para encontrar el parentesco tengamos que retrotraernos a más de 100 años en algunas ocasiones. Abundan los ejemplos y más para aquellos lectores que puedan decir con orgullo que veranean en «su pueblo». En mi caso, esta experiencia la viví al mudarme a un pueblito de la campiña sevillana llamado Los Molares, a escasos cinco kilómetros de Utrera.

Allí, en Los Molares, una de las primeras visitas fue al cementerio y la realidad no tardó en imponerse; la mayoría de las tumbas tiene, en diferente orden, los mismos apellidos: Rubio, Rincón, Coronilla y Bueno; y allí escuché por primera vez la palabra *primache*, un vocativo de uso común, pues denota algún grado de parentesco lejano.

Este ejemplo contemporáneo no es más que una voz del pasado que aún tiene fuerza en nuestros días y conviene tenerlo en cuenta.

Para el animal humano primitivo, el clan era el centro y era su todo, confiaba ciegamente en él y, fuera como fuera la distribución interna de poderes, ya que en esto pueden diferir con gran alegría, el clan era el mundo conocido y único posible para cada uno de sus miembros. Todos eran hijos del clan y todos los miembros colaboraban en las labores, con el mismo afán, según las capacidades de cada cual o el estatus del que gozaban.

La distribución del trabajo era fundamental para poder desarrollarse y cubrir todas las necesidades, como si de un solo organismo vivo se tratara. Aquellos más aptos para la caza, a cazar; los y las mejores en las labores de recolección, pues a recolectar; y los ancianos y las ancianas, a cuidar de los más pequeños mientras sus padres se alejaban del campamento, cueva, o fuera cual fuera el asentamiento elegido, y para dar consejo y mediar en los problemas porque, como dice el refrán, «más sabe el diablo por viejo que por diablo».

Tal era el sentido de hermandad y de pertenencia al clan, que el destierro era muchas veces el más radical de los castigos posibles. Y no es de extrañar si entendemos que todos los miembros precisaban de todos, así que el destierro significaba el repudio, la humillación, el ostracismo y finalmente, si todo seguía su camino, una muerte trágica más temprana que tardía. Este sentimiento permaneció durante milenios en la cultura humana.

El destierro ha sido práctica frecuente en nuestra historia antigua y reciente y, en muchos casos, era preferible la esclavitud o la muerte a ser expulsado de tu tierra. Pensemos en el ejemplo del filósofo griego, el feo e irónico Sócrates, que en el año 399 a. C. prefirió la cicuta (veneno, pues) a un posible destierro de Atenas.

Así el clan, por si aún no ha quedado claro, usa como argamasa aglutinadora de sus individuos el sentido de la confianza más visceral en cada uno de sus miembros. El valor de parentela y familiaridad es un refuerzo casi animal e indiscutible de la confianza. Por alguna razón, hoy en día, seguimos confiando más en aquel primo o tío o tía al que con suerte vemos una vez al año que en nuestro compañero de trabajo con el que, desgraciadamente, pasamos más horas de nuestra vida que con la propia familia. Pero nos seguimos doblando ante el peso de expresiones tales como: «Es que somos familia», «¿cómo no me iba a fiar de él si somos parientes?», o bien, «no seas tonto, si esto te lo encuentra más barato mi hermano».

Obviamente, este desarrollo de la confianza entre los miembros del clan requiere una contraprestación de vuelta, esto es, el ejercicio de la *responsabilidad* de cada uno de estos miembros para con ellos mismos y con los demás, aunque de este particular ya hablaremos más adelante y con más calma.

Vomitemos en confianza

Cuando hablamos de cualidades innatas nos referimos a aquellas características que nos acompañan por el mero hecho de nacer, como los instintos, aunque ya hay voces dentro del animalismo que definen el instinto como un rasgo heredado que posibilitó la supervivencia o el mejoramiento de la especie.[4] Aclaremos: los pocos instintos que aún nos quedan, sea como sea que los definamos, son el de agarrarnos con fuerza al nacer a los dedos de nuestros progenitores, o a lo que nos pongan en las manos, que no es más que una herencia del pasado necesaria para asirnos al abundante pelaje de nuestras madres y no caer al suelo mientras estas trepaban entre los árboles y huían del acoso de un dientes de sable; y el instinto de mamar, algo imprescindible nada más nacer también, como es lógico, ya que de lo contrario ni yo estaría escribiendo este ensayo, ni del otro lado habría alguien leyéndolo.

Parece difícil, ¿verdad?, pensar que una idea tan abstracta como la confianza pueda ser un rasgo innato del animal humano: suena casi

---

[4] Los movimientos animalistas son aquellos que se preocupan por los derechos de los animales y cualquier vida en general; para tal fin aluden a un « derecho natural » , y es en esta línea donde se plantea que los instintos son conductas heredadas que acercan al animal al propio animal humano en cuanto al aprendizaje, la cultura y su transmisión.

a ciencia ficción. Podríamos decir que tenemos la potencialidad de confiar, pero que debe ser un ejercicio de la conciencia individual de cada uno el actualizar esta potencialidad. Esto nos suena mejor sin duda, porque nunca antes escuchamos nada sobre el innatismo de la confianza, si acaso todo lo contrario, el del miedo, y porque además todo lo que nos suene a individualismo no nos es ajeno, ¿verdad?

Pero quizá nunca lo hayamos oído porque nunca lo hemos buscado tal cual. Realicemos un doble mortal hacia delante y pensemos en algo tan aparentemente alejado de este ensayo como el reflejo del vómito por simpatía.

A todos nos ha pasado alguna vez que sentimos el impulso de vomitar al ver a otra persona hacerlo o aún más al olerlo cerca de nosotros, incluso al pensarlo y recrearlo con la imaginación, porque como diría el torero: «Hay gente pa' tó». Lamento que haya personas demasiado sensibles leyendo estas letras y no se encuentren ahora del todo bien, pero prometo acabar pronto con este ejemplo.

Si buscamos una razón a esta conducta, tendremos que entrar en el campo de la especulación antropológica de corte más materialista, porque fisiológicamente no hay razón alguna para la existencia de este reflejo tan desagradable y tan común a la mayoría de nosotros. Y menos pensando que el acto de comer y digerir la comida es de los más costosos calóricamente hablando que podemos hacer. Nos cuesta muchas calorías conseguir el alimento, bien corriendo detrás de un facócero o un jabalí con una lanza en la mano o tecleando detrás de un escritorio durante 10 horas diarias, o barrenando las tripas de la tierra en busca de carbón. Sea como sea, la condena bíblica de «te ganarás el pan con el sudor de tu frente» (Génesis 3:19) se cumple muy bien en 99 por ciento de la población mundial de todos los tiempos.

En este particular tendremos que pensar nuevamente en el clan, en la tribu reunida alrededor del calor de una hoguera que durante 193 000 años ha comido los alimentos que los diferentes miembros han ayudado a conseguir. Todos comen la comida de todos y todos se alegran de tener qué comer. E imaginemos qué sucede cuando el más sensible de todos, un niño o un anciano débil, o un enfermo, o una mujer embarazada, quien sea, comienza a vomitar la comida. Es en este momento cuando el reflejo simpático del vómito puede salvar la vida de todo el clan ante una posible intoxicación masiva con algún alimento en mal estado o venenoso. Todos vomitarían para protegerse. Esto es, haciendo una lectura absolutamente especulativa, el reflejo del vómito no es solo una alerta y una prevención ante el peligro, sino un comportamiento donde subyace, en su sustrato más profundo, la confianza de todos a la reacción de uno de ellos ante un potencial riesgo. La impronta primera, el resorte reflejo de la acción simpática del vómito es la confianza ante una señal de peligro. Una acción no aprendida, sino aprehendida, heredada, casi un instinto que, sin saber por qué, hoy en día —ante la acción de vomitar de otro, que en nada nos toca y al que casi seguro ni conocemos, y que mucho menos comió lo mismo que nosotros— nos puede hacer devolver lo que tanto esfuerzo nos ha costado meter dentro de nuestra panza. Sé que no faltarán los que asocien esta reacción al asco o consideren que ha sido provocada por la repugnancia, pero me parece que este concepto depende absolutamente del tiempo y el espacio. En Sevilla, en primavera, gustan comer caracoles cocidos en salsa picante; en Pachuca, en la misma fecha, comen escamoles (larvas de hormigas) fritos con mantequilla y finas hierbas; si intercambiamos ambos platillos entre pachuqueños y sevillanos seguro que vemos algo digno de ser grabado y subido a YouTube, el asco en este particular es concreto, cultural, no así el reflejo simpático del vómito.

Comportamientos parecidos pueden entonces interpretarse desde este nuevo prisma. Cuando una multitud huye enloquecida sin saber la razón de por qué lo hace y otros se unen a ella en la estampida, quizá lo hagan porque confían en la señales de peligro que han interpretado de forma inmediata en los gestos de sus iguales y se unen a la carrera: primero confiamos en las señales y después, cuando el miedo nos encoge el ombligo, corremos despavoridamente.

Al mismo tiempo hay otras acciones involuntarias que refuerzan nuestros lazos como grupo y que aparentemente no son tan radicales. El bostezo, por ejemplo, es una clara señal empática que refuerza los lazos de confianza de los unos con los otros. No es una falta de educación ni una señal de aburrimiento o de hambre, como dirían las abuelas andaluzas. El bostezo viene a ser al humano como el despiojarse a otros simios, aunque pocos nos resistamos a una sesión de caricias y rascadas, a pesar de que no nos gusta que nos llamen *primates*. El bostezo es pues un punto de encuentro con los demás y con nosotros mismos. Incluso algunos estudios psicológicos, en pos de quienes son más empáticos y asertivos, han demostrado que aquellas personas a las que se les contagia más el bostezo son más sociables y empatizan mejor con los demás. ¿Alguien se imagina una sesión de bostezos en medio de un combate de boxeo entre los dos púgiles? Pero sí entre amigos y familiares, viendo la televisión, en el aula durante la clase de metafísica, etc. Es curioso, pero mientras uno bosteza o ríe es imposible mantener una actitud beligerante. Tendremos que abordar esto en otro momento.

Cuando pensamos en *cultura* inmediatamente llegamos a una idea poco concreta llena de libros, estatuas, bailes folclóricos y otras miles de cosas que sí, todas son cultura. Pero cultura también es nuestra gestualidad, y en eso raramente pensamos. Hay casos muy interesantes, y estudiados, sobre cómo ciertos gestos se han ido derivando a lo largo de la historia. Por ejemplo: todos recordamos el famoso gesto de los surfistas alargando el pulgar y el meñique de una mano, escondiendo los otros tres dedos y haciendo girar la mano sobre la muñeca como indicando «diversión» o como un simple saludo corporativo. Pero el origen de este gesto es español, y en España aún se usa, aunque haciendo oscilar la mano apuntando con el dedo pulgar a la boca, gesto que significa beber vino, imitando con la mano la forma de un porrón o una bota, recipientes para consumir vino con una boquilla muy fina por la que sale el vino directamente a la boca de quien lo usa sin pegar los labios en él, o a un ojo o dentro de la nariz si el operador no es muy ducho. Cuando los marineros atracaban sus cascarones de nuez en costas cálidas y buscaban pasar un buen rato, asociado en España con la cultura del beber, hacían ese gesto que, al no ser reconocido por los indígenas, interpretaron como fiesta y diversión, no con el uso del porrón o la bota que, obviamente, desconocían. Así pues, también aquí encontramos una muestra más de lo amplia que es la concepción de la idea de cultura.

Los gestos y modos de comunicación no verbal son aprendidos y heredados desde tiempo inmemorial de padres a hijos y de civilización a civilización y, por supuesto, la confianza siempre ha sido un pilar fundamental de nuestra gestualidad, seguramente el más importante, por razones obvias.

Realmente la función primordial que debían expresar los primeros gestos entre humanos, que no compartían un lenguaje verbal común, era la posibilidad de confiar en el otro y eliminar cualquier posibilidad de peligro y hostilidad. Pero ¿cómo hacerlo si no somos capaces de comunicarlo con palabras?

Dame esos cinco

¿Cuáles son las armas inmediatas del hombre?

¿Con qué atacamos y nos defendemos? Darnos las manos es un gesto que evidencia que no tenemos nada en ellas que pueda herir al otro, y qué mejor forma de demostrarlo que estrechándolas. Al estrecharnos las manos y apretarlas una con la otra demostramos que no pretendemos agredir al otro. De hecho, es muy común que en un apretón de manos muy significativo no solo estrechemos las manos derechas (recordemos que la mayor parte de los humanos es diestra y la mano derecha es la más hábil, fuerte y, por ende, peligrosa), también, si la ocasión lo merece, uniremos las manos izquierdas sobre las derechas primeramente unidas. La posibilidad de agresión es nula, podemos confiar en el otro. Aunque no faltará el que apriete con fuerza la mano del otro para recordarle que, a pesar de no buscar conflicto, es suficientemente fuerte y dará la cara en caso de que se tengan que solucionar las diferencias por el camino del cloroformo.

Pero no queda reducida nuestra gestualidad en el mero apretón de manos. Al abrazarnos, práctica que requiere un estrecho vínculo afectivo o que busca precisamente propiciarlo, exponemos al otro las partes más blandas y vulnerables de nuestra anatomía como muestra de confianza. Así pues, la agresión únicamente puede venirnos por la espalda, por el brazo del otro que nos rodea sobre, o bajo, los hombros, de ahí la expresión máxima de la traición como *una puñalada por la espalda*. Esa estocada solo nos la puede dar alguien al que previamente estamos abrazando, alguien en quien confiamos.

Otro gesto o modo de comportamiento que se remonta al albor de nuestra humanidad es el hecho de dar comida. Es práctica común agasajar a nuestros invitados con comida cuando entran en nuestra casa. Y, si entran como iguales e invitados, ellos también suelen traer algo de comer. Compartir comida entre clanes era muestra de amistad y confianza, pues todos finalmente comerían de lo mismo, sin que hubiera así la posibilidad de envenenar al contrario.

En el desarrollo interpersonal se da otro gesto universal y siempre bien recibido: dar de comer directamente a la otra persona. Este gesto, tan propio del cortejo amatorio, demuestra que no hay más intención que la de confiar en el otro que nos da de comer. Podríamos inferir entonces que, si mientras alguien corteja a una chica intenta darle de comer con su tenedor y lo rechaza, significa que, desgraciadamente, aún no ha ganado su confianza, aunque quizá sea alérgica a las fresas con crema que le intenta dar. Este gesto se repite varias veces durante nuestra vida: cuando somos bebés, cuando estamos enamorados y cuando somos ancianos, y en todas se convierte en un gesto de amor y confianza.

Algunos antropólogos ven también el beso en la boca como una transferencia simbólica de comida. Este gesto sería el más estrecho rango de intimidad posible sin connotaciones sexuales entre una madre y su bebé que ya debe empezar a recibir alimentos más sólidos, y entre hijos y padres ancianos carentes de dentición. Este último ejemplo choca con nuestro pudor, pero sería la mejor forma de alimentar a nuestros ancianos ya desvalidos.

Sea como fuere el origen y el significado del beso, es a mi entender —y permítaseme el juicio de valor—, uno de los gestos más hermosos, primigenios y sinceros sobre la demostración de confianza entre los seres humanos.

El lobo que era niño

Como ya sabemos, fue Aristóteles quien dijo que el hombre era un animal político. Cuando lo hizo se refería a que el ser humano necesita vivir con los demás para poder desarrollarse plenamente, primero entre sus familiares, después uniéndose varias familias para formar pueblos y, finalmente, componer la *polis*, o por lo menos esto quisiera creer que pensaba. De hecho, en sus palabras solo los animales y los dioses pueden vivir solos. ¿Qué pensaría de llamar al humano *animal humano*? Seguramente le gustaría, no hay tanta diferencia con su *zoon politikón*.

Es pues el animal humano el que nace más desvalido en el reino animal, no como la mayoría de los mamíferos que, al poco de nacer, pueden levantarse e incluso encontrar por sus propios medios de dónde mamar y alimentarse. La cría de un elefante recién nacido puede pesar más de 100 kilogramos, y a los minutos de su nacimiento se levantará y buscará a su madre. Esa simple acción de levantarnos y andar nos tomará a los humanos un año siendo muy optimistas, y la mayoría, aun sabiendo andar, no somos capaces de hacerlo correctamente ni con 40 años.

El ser humano no solo nace desvalido, sino que permanece así muchos años. Pues, aunque se han dado muchos casos de niños humanos cuidados por animales como lobos (caso del famosísimo Víctor de Aveyron del que hablaremos más adelante), el animal humano necesita de los demás humanos para aprender a hablar y pensar (unos más que otros), y así descubrir el mundo que lo rodea.

Sin nuestro lenguaje articulado no podríamos pensar, o por lo menos no podríamos pensar tal y como lo hacemos. Seríamos incapaces de expresar nuestros sentimientos y sensaciones más allá del hambre, el miedo o el frío. Tampoco podríamos comunicar ideas abstractas ni hablar de concepciones tan necesarias como el pasado o el futuro, ni hacer cálculos matemáticos, ni expresar una labor condicionada o desiderativa. Todo ese paquete al que antes llamábamos *cultura* sería prácticamente inexistente, o absolutamente simple y básico, sin la capacidad del lenguaje del animal humano. Este tema es absolutamente complejo y la filosofía del lenguaje un campo enorme y rico, pero quede como reflexión la siguiente idea. ¿Es el color rojo, rojo por sí, o porque nosotros le hemos asignado ese valor?, y si le hemos asignado el valor, ¿cómo pensar en él si no lo hubiéramos hecho, esto es, si no sabemos que el rojo se llama *rojo* seríamos capaces de identificarlo y reconocerlo? Dicho de otra forma: se les atribuye a los inuit (los pueblos esquimales) la capacidad de diferenciar 30 tonos diferentes de blanco con sus respectivos nombres, pero para mí el blanco es blanco. Esto significa que, dramáticamente, para mí no existen aunque los tenga ante las narices, a menos que, por supuesto, ellos me enseñen a diferenciarlos. Así pues, el lenguaje no solo es *denotativo*, también es *connotativo* y constitutivo de las diferentes realidades del animal humano.

La historia nos ha regalado tremendos ejemplos de humanos desarraigados de la sociedad desde su infancia y que años después, al ser encontrados, mostraban claros signos de animalidad, malinterpretada al principio como retraso mental. A estas personas se les ha llamado *niños salvajes* o *niños ferales*, como es el caso de Víctor, a quien me he referido anteriormente. Por desgracia, los afectados de estos destierros forzosos nunca pudieron reinsertarse en la sociedad, ni pudieron aprender a hablar más allá de algunas palabras o expresiones de inmediatez y necesidades básicas, y todos los casos, lamentablemente, tuvieron finales trágicos. El hombre es un animal político; fuera de la polis no es más que un animal, le disguste a quien le disguste. El náufrago luchará por volver a reunirse con los suyos, por ser nuevamente parte de la sociedad, aunque para ello tenga que luchar por sobrevivir como un animal.

El maldito problema inicial

Esta pregunta es tan lógica después de explicar lo anterior que no he podido evitar usarla de subtítulo, antes de que me la planteara el propio texto.

Si realmente hoy en día tenemos un problema de confianza, o más bien problemas causados por la pérdida de la confianza en nosotros mismos y en los demás, la respuesta a esa pregunta debe estar en nuestro desarrollo político y económico, por la simple sospecha del sentido común.

Históricamente, el clan ha sido la estructura política y social más estable, como ya lo he desarrollado. La clave fundamental del buen funcionamiento del clan ha sido el conocimiento mutuo de sus miembros y los vínculos afectivos que los unen, en conjunción con un arraigado concepto de la responsabilidad de cada miembro del clan para consigo y los demás como única realidad ética. Ha habido y hay tantos tipos de clanes diferentes como colores tiene una paleta de pintor, pero todos han precisado del conocimiento mutuo de sus miembros para poder darse las relaciones de confianza necesaria. Esta confianza repercute, obviamente, en otros factores de cohesión social, tales como el respeto, la solidaridad, la hermandad y la lealtad, misma que robustecía la unidad del clan como un solo organismo que lucha en la naturaleza para sobrevivir.

Pero, como ya dije también, de la mano del clan vino su propio fin. El animal humano aprendió a cultivar la tierra y a domesticar a los animales, evitando así tener que vagar de un lado a otro en busca de alimento (con excepción de algunos pueblos nómadas, los cuales redujeron su movilidad, a lo sumo, a un par de veces al año: de un punto frío a otro más cálido para dar de pastar al ganado trashumante). Este fue el inicio de los primeros asentamientos de nuestra historia, y esto conllevó nuestro fin como especie que vive en clanes.

La optimización de las técnicas de producción agrícolas y ganaderas generó la aparición del concepto *excedente* y este, a su vez, el de *mercadeo de un excedente por otro*.

Entendamos aquí excedente como la producción no destinada al autoconsumo. La economía de subsistencia fue desapareciendo al tiempo que el mercadeo permitió la creación de oficios especializados que surtieran de materiales para el desarrollo de las labores y la vida, a cambio de excedentes monetizados: herreros, alfareros, curtidores, guarnicioneros, etc. Las poblaciones asentadas crecieron, se estratificaron y precisaron de algo nuevo para convivir en armonía en este nuevo orden de las cosas pues, a mayor número de habitantes, mayores problemas para conocerse todos entre sí. Así es como las primeras ciudades antiguas se vieron obligadas a fijar las primeras reglas escritas, para que todos las respetaran y fueran inmutables. Nacieron entonces las leyes que regulan y ordenan el comportamiento de los unos respecto a los otros ya que, simplemente, dejamos de confiar en los demás; necesitábamos saber que algo nos protegía y amparaba, que no estábamos solos, indefensos y desvalidos en estos nuevos lugares llamados *ciudades*, *países*, *reinos*, *imperios* o *Estados*, en donde nos hallamos siempre rodeados de gente a la que no conocemos.

Sobre el año 2050 a. C. se redactó en la ciudad de Ur el código de Ur-nammu, y aunque es sabido que no es el más viejo y que hubo otros anteriores, sí es el más antiguo que ha llegado hasta nuestros días. En él ya existe el concepto de *multa* (como se mantendrá en códigos posteriores) ante algunas acciones que podían acarrear quebranto y padecimientos (por ejemplo, la pérdida de una cosecha por olvidar tapar una acequia e inundar los campos de tu vecino), mientras que todos aquellos delitos que atentaban contra la confianza en sus formas más básicas y primordiales (esto es, el asesinato, la violación, el rapto, el robo, el adulterio e incluso la usurpación de una propiedad por delimitar mal las lindes) eran castigados con la muerte.

Ciudadanos deshumanizados

El concepto de *ciudad* rompió, a la postre, con los vínculos y normas de confianza entre humanos que existían previamente, pero no así con la impronta de la hegemonía del clan heredada de milenios pasados.

Los modelos éticos han mutado a lo largo de nuestra historia, dictando patrones ideales de conducta. Epicúreos, estoicos y cínicos fueron marginados ante el peso de la ética de la virtud de Platón y Aristóteles, lo que a su vez permitió el desarrollo de una ética religiosa en el periodo de la patrística. Y de esta, empujados por la escolástica y el Renacimiento, llegamos a la ética kantiana de la moral y del deber. Todos han sido modelos de ética que influyeron irremediablemente en las leyes y concepciones políticas de los diferentes periodos históricos. En la actualidad, estos modelos se superponen, tanto desde un punto de vista material (en el que se define qué es el bien o qué es el mal) como desde una ética formal que se preocupa por su carácter universal más que por su propio contenido específico.

En definitiva, y siendo muy generoso y superficial, nos encontramos de nuevo con la dualidad del utilitarismo de un código común para un uso concreto, y de su contrario dialógico, que busca el acuerdo en un diálogo ideal. Sin duda, ambos son modelos formales que pretenden tener un carácter inmediato; no obstante, aunque ambos aspiren a trascender en sus parcelas, difícilmente pasarán de las páginas de los libros del siglo pasado a la vida real.

En nuestro mundo, toda transformación cultural viene aparejada por innumerables variables, así que no podemos hablar de una ética del deber sin unirla a un sentir político, que a su vez refleja un cambio científico, social y económico. Los diferentes procesos de desarrollo tecnológico e industrial provocaron continuos reajustes en el tejido social de las ciudades, como pudo ser la formación medieval de los diferentes gremios de artesanos y productores, o la revolución industrial, que tuvo que reinventar el concepto de ciudad medieval y renacentista para dar cabida a las miles de personas que huían del campo para trabajar en las nuevas fábricas. Y así aparecieron las ciudades colmenas, como bien plasmó Fritz Lang en su no tan distópica película *Metrópolis*:[5] un concepto deshumanizado de urbe donde la mayoría de los seres humanos vivimos hoy en día y en donde los vínculos de confianza se radicalizaron en la familia (entendiendo por familia aquellos que comparten techo con nosotros y poco más) o en otros modos de convivencia derivados de la propia situación sociopolítica y económica.

Es imposible en este ensayo abordar toda la dimensión histórica, política, social y, en definitiva, cultural de la evolución y la problematicidad del concepto *confianza* hasta nuestros días. Pero lo que es inamovible es que nosotros, independientemente del periodo histórico en el que hayamos nacido, sustancialmente siempre hemos sido iguales, como ha ocurrido en los últimos 200 000 años. Así pues, ¿dónde quedó el innatismo de la confianza en el animal humano?

Más listos que los demás

A mayor cantidad de personas, más difícil resulta discriminar las señales de confianza, porque más difícil nos resulta segregar a las personas de la masa. Y más se instala el celo propio, el sentido de autoconservación del individuo ante un entorno hostil: el sujeto atiende tan solo su propio interés sin cuidar el de los demás; esto es a lo que llamamos *egoísmo*. Y tenemos ejemplos palpables de todo tipo, incluso en los juegos infantiles. En muchas partes del mundo, antes de la aparición de las videoconsolas, los niños nos divertíamos jugando a las escondidas; cuando conseguías no ser visto y llegabas al punto de encuentro se gritaba, en España, a pleno pulmón para que todos los que aún estaban escondidos pudieran escucharte: «Por mí y por todos mis compañeros, pero por mí primero». Divertido, ¿verdad?

[5] E. Pommer (productor), F. Lang (director), *Metrópolis* (1927), Alemania: UFA.

Pero el egoísmo no solo es un método de supervivencia, también tiene una lectura social, un efecto secundario, alejado del primario que es nuestra aparente autoconservación. Nos sabemos únicos y diferenciados, autónomos y capaces de las más altas metas aunque raramente nos planteamos alguna. ¿Pero cómo afectará a la totalidad del grupo humano sobredimensionado esta nueva situación, este nuevo enfoque alejado del clan? ¿Cómo será la vida dentro de una colectividad de animales humanos que se creen, cada uno por separado, más únicos y diferentes que los demás? ¿Y en qué consiste ese sentimiento de unicidad?

Cuando somos padres deseamos toda clase de parabienes para nuestros hijos: salud, hermosura, fortaleza y otras cosas que estimamos como necesarias, tales como la astucia y la inteligencia. Sabemos que la inteligencia y la astucia nos abrirán puertas donde antaño mal creíamos que lo hacía la fuerza. Así que la búsqueda de quién es más listo es algo que buscamos en el brillo de los ojos de nuestros hijos, desde que son pequeños. Los juegos buscan un ganador en la escuela, las calificaciones segregan a aquellos que parecen más inteligentes de los otros; en las competiciones deportivas, el oro es para el mejor y hasta en los videojuegos se trata de ser más hábil, más listo que la propia máquina. Así pues, ser «el más listo» es una meta en sí, y en el fondo, como todos nos sabemos únicos y especiales, albergamos la idea inconfesable de que, en muchos aspectos quizá poco constatables, somos «más listos que los demás».

Cuando hablo sobre esto en mis conferencias invito a los oyentes a que miren a su derecha e izquierda, y busquen la cara de la persona que tienen más cerca. Si ahora lees esto en el metro, sentando en un parque, o allí donde puedas buscar la mirada a otra persona, mira esto atentamente: él o ella se saben más listos que tú y a sus ojos eres, de alguna manera, imbécil. ¿O creías que solo te pertenecía a ti el privilegio de saberte mejor que los demás? Ciertamente este es un pensamiento inquietante que, por ahora, prefiero que dejemos en suspenso, en *epojé*, aunque te adelanto que el individualismo, tal y como lo entendemos y padecemos, lamentablemente parece ser un producto cultural más del animal humano occidental, en lugar de una impronta propia de nuestra condición animal.

Volvamos entonces a la idea de los efectos secundarios. Es cierto que, en un sistema superpoblado como en el que vivimos es mucho más fácil controlar a los individuos haciéndoles creer que son únicos y especiales, para en el fondo reducirlos a la más absoluta unicidad y uniformidad. Así, si pensáramos que otros «más listos» que nosotros manejan los hilos de nuestra vida (y no me refiero a ningún dios), toda la estrategia de control social se basaría en reforzar el egoísmo individual, y en abrir ventanas para la conciliación con el grupo y el ejercicio de la confianza solamente hacia aquellos actos, colectivos o asociaciones que no entrañen peligro para el *statu quo*, sino que además, y de ser posible, lo refuercen. Ciertamente no creo que existan esos hombres grises que manejan el mundo a su antojo. Simplemente creo que la deriva de las últimas centurias ha facilitado nuestra propia alienación y enajenación hasta el punto de confiar en otros el rumbo de nuestras vidas y estos, lejos de ser «más listos» que nosotros, han buscado la forma más fácil y provechosa de ganarse esa confianza, haciéndonos creer más únicos que nunca para así ser más iguales.

Quizá estos sujetos no sepan realmente cómo funcionan esos resortes internos que con tanta fuerza nos llevan a querer estar unos juntos a otros, pero sí saben de los beneficios de soltar un poco el collar a la bestia. En nuestro modelo social y político, cada vez cobran más importancia las grandes concentraciones deportivas, los macroeventos catárticos donde nos encontramos en comunión con los otros y gozamos —aunque pagando una entrada, o una cuota de televisión— de la sensación de sabernos parte de un todo mayor que nos protege y donde nos sentimos importantes, donde estúpidamente creemos que por estar allí todo cobra más sentido, que algo maravilloso es posible gracias a nuestra participación anónima. Diría Gilles Lipovetsky que el Teletón ha sustituido a la obra de teatro griega como ejercicio catártico, y no me extraña en lo más mínimo, pues no hay nada que gratifique más al animal humano que encontrar el alimento de sus necesidades tribales básicas. Necesitamos de sabernos parte de un todo, de un clan aunque sea virtual, o diferido, o efímero. Y si no completamos esta necesidad se nos amontonan los problemas, el estrés, la apatía, la depresión, la sensación de pérdida, de vacío, la neurosis, y un largo etcétera de patologías viejas y nuevas que sin duda nos quedan por conocer, a menos que el egoísmo castrante consiguiera machacar con éxito lo poco que nos quedara de «humano» en el binomio que tanto uso de *animal humano*. No olvidemos que el peor y más temido de los castigos carcelarios es el aislamiento.

El equilibrio entre el egoísta y el hombre del clan es precario y frágil. Nuestro innatismo contra la neo-concepción cultural del hombre egoísta es una lucha contra nuestra propia naturaleza en la que tenemos todas las de perder, porque en el fondo todos perdemos. Claro que decir «todo» hoy en día es una quimera en sí mismo, y este es el éxito del sistema, hacernos creer que no existe un todos.

La animalidad entra en crisis

Pero el animal humano no se ha dado nunca por vencido con facilidad, y cuanto más sofisticados e hipertecnológicos nos volvemos más parece que sentimos la llamada de nuestra animalidad. Somos animales políticos y allí, donde la posibilidad de una *polis* se ha visto aplastada por una realidad diferente, hemos generado nuestros subclanes o pseudoclanes. Sirva como ejemplo la creación de las agrupaciones gremiales. Durante la Edad Media en Europa, los gremios de artesanos unieron a aquellos que tenían un trabajo común. Formaron comunidades que dieron nombres a las calles y barrios donde vivían (por eso no falta en cualquier ciudad del mundo una calle caldereros, alfareros, cuchilleros, etc.), y durante siglos procuraron un bien común y cuidaron de sus intereses mutuos. Sublimamos nuestra necesidad de confiar en nuestros iguales y nuestra necesidad de pertenencia a un clan buscando puntos en común que nos sirvan de nexo con otros, ya que la vecindad, por ejemplo, ya no es vinculante ni aglutinante.

De ahí que, hoy en día, resulta raro que alguno de nosotros sepa el nombre de los hijos de sus vecinos o a qué se dedican.

Hemos buscado elementos representativos o simbólicos con los cuales nos es más fácil identificarnos. Buscamos similitudes ideológicas, políticas, estéticas, formas de vida, cultos religiosos, y tan solo si nos encontramos fuera de nuestro país buscamos entonces a nuestros compatriotas. Los ejemplos para afianzar esta tendencia gregaria a formar pseudoclanes es más que notable tanto en siglos pasados como hoy en día. Basten como ejemplo, amén de los ya citados gremios, los sindicatos, los partidos políticos, los movimientos estéticos, las asociaciones o hermandades más o menos privadas como los masones, los rotarios, o los cultos esotéricos y mágicos, pasando por *hippies*, roqueros, *heavies*, góticos, y todo el espectro cromático de las diferentes corrientes musicales populares del siglo XX y XXI, y sus respectivas «tribus urbanas». Obviamente este asociacionismo de carácter exclusivista, en la mayoría de las ocasiones, no siempre ha sido bien entendido ni asumido por el resto de la sociedad, que recela de ellos, por puro desconocimiento las más de las veces. Pero recordemos que todos, todos buscamos ser parte de un grupo y sentirnos uno entre los demás... aunque, a pesar de todo, hoy en día estamos más solos que nunca, en un mundo más globalizado que nunca.

Obviamente el auge de las tecnologías de la comunicación, y en especial del internet, también desempeña un papel fundamental en esta búsqueda de clan. Las redes sociales no son más que la actualización de una tendencia ya conocida en la red que se inició hace años con la creación de grupos de *news* (grupos a los que uno se subscribía para recibir noticias específicas de cualquier tipo), los salones de chat de ICQ, MSN chat y Yahoo! Desde sus albores, el internet permitió la posibilidad de vincularnos con quienes compartíamos inquietudes y poder expresarnos y comunicarnos entre pares. Aunque de esto ya hablaremos en breve con más profusión, no está de más adelantar que precisamente la posibilidad de asociación y de comunicación es uno de los pilares fundamentales de las redes sociales. Claro que esto entraña unos costos y unos riesgos, ¿pero qué no los tiene?

Aprovechados al ataque

Pero no todos los pseudoclanes van a ser meros lugares de esparcimiento, reflexión o reconocimiento. Y porque para gustos, también hay pseudoclanes que aglutinan a personas que necesitan saberse parte de un grupo, aunque su fin no sea precisamente el altruismo, el consumismo o cualquier aspecto lúdico.

El mundo del hampa también sigue las directrices de un clan primitivo, pero ultraviolento y radical. En estos grupos, la lealtad al líder, capo, padrino o «jefe de jefes» es el pilar fundamental para mantener la cohesión y la confianza. La familia es el nexo vinculante y exclusivo de todos los miembros y peor que un ataque a la misma es la traición de uno de ellos. La expulsión de la familia, la condena al exilio o al ostracismo vuelve a ser una condena de muerte, pero la traición llevará aparejada la peor de ellas. En el caso de estos pseudoclanes radicales, el aspirante al grupo debe demostrar que es merecedor del respeto de los miembros mediante algún rito iniciático obscenamente violento. Si es admitido, formará parte de un clan que le exigirá cualquier sacrificio por su permanencia y que en todo momento lo vigilará, igual que él comenzará a vigilar a sus pares. Obviamente estos comportamientos tan radicalizados responden a múltiples condicionamientos, pero uno fundamental es la búsqueda de un grupo en el que confiar, reconocerse y ser reconocido. Si a esto le sumamos un origen en el seno de una familia biológica desestructurada, una situación económica precaria y una educación en un ambiente hostil, y donde principios como el respeto mutuo o el respeto a la vida son malentendidos como abusos y amenazas, el resultado es más que esperable.

Claro que no será el lumpen proletario el único dado a constituir pseudoclanes radicales o perversos. La confianza mal entendida y su abuso se han convertido, en casos más que evidentes, en el pilar fundamental de grupos de presión política, sectas religiosas, *lobbies* empresariales, etc. Esta es una confianza coercitiva que provoca sumisión por estrangulación, por miedo de aquellos que no pueden optar si pertenecer o no a ellos. No es una confianza propositiva ni colaborativa. Es un ejercicio de poder vertical que tiene como única meta el beneficio de las altas cúpulas de estos pseudoclanes.

No debemos olvidar que en nosotros sigue estando la necesidad, el impulso animal de pertenencia a un grupo en el que podamos confiar y sentirnos seguros, y esto se vuelve una terrible arma de doble filo en las manos de quienes saben cómo blandirla.

El siglo que está enfermo

Mucha gente vive con la sensación de que está perdiendo el tiempo o este se le va de las manos sin poder remediarlo, de que las cosas no van bien o, simplemente, como se supone que deberían de ir, aunque no sepamos explicarlo correctamente. Tal es así que el siglo XXI ya está catalogado como el siglo de la enfermedad mental. La ansiedad, la depresión, las crisis de pánico, los trastornos del sueño, los brotes de violencia incontrolados, la bipolaridad, etc., son algunas de las caras de este vivir, sin vivir, en el que la mayoría de las personas estamos obligadas a permanecer. Y, por supuesto, el enclaustramiento del «yo», que es una de las principales causas de nuestros males, no nos ayuda mucho, aunque ya en breve ahondaremos en los orígenes de esto.

Obviamente nada de lo anterior favorece la convivencia con los demás, ni mucho menos. Aun sabiendo que «el otro» no tiene la culpa —aunque en este caso pocos son los que se libran de su parcela de culpa—, nada impide que descarguemos nuestra frustración sobre cualquiera, o sobre todos a la vez, o sobre nosotros mismos. Vivimos alienados en un mundo al que rara vez llamamos hogar. Y la confianza se ha hecho tan rara y deseada como la de felicidad.

¿Pero podemos realmente cambiar algo de lo que nos está pasando? ¿Podemos cambiar un modelo que hemos tardado miles de años en construir y perfeccionar hasta los límites de lo inimaginable? Quién sabe si seremos capaces de cambiar este entramado social, político, económico, histórico o cultural, que hace de nuestro mundo un sitio cada vez más complicado para vivir.

Cada uno de nosotros ha creído descubrir, por alguna extraña suerte arcana, que nada podemos hacer, que de nada sirve aportar un grano de arena a la causa del animal humano cuando en realidad necesitamos mover desiertos y playas para conseguir algún cambio. Y nuevamente este es un pensamiento egoísta de autoconservación estúpida, de miedo a la exposición, al ridículo, a descubrir que en el fondo no somos tan listos como nos creíamos, que somos más iguales a los demás de lo que nos sabemos; que no somos tan especiales.

Todos somos igual de estúpidos

Sería una necedad por mi parte intentar reivindicar un regreso a las cavernas, a las sabanas y a la forma del clan que perduró durante milenios hasta la formación de las ciudades. No podemos, no debemos, olvidar o apartar lo que de positivo han tenido estas últimas centurias (a menos que seamos amish o menonitas, pero eso es otra historia). Y es por tal motivo que, si queremos rescatar de alguna manera esa idea del clan primitivo en el cual poder confiar, debemos también comenzar a pensar y actuar según su concepción ética: la responsabilidad.

Un poco más adelante desarrollaré con más calma la cuestión de la ética de la responsabilidad, pero para este particular basta entender que, durante 193 000 años (como hemos acordado que fueron, siglos más o menos), cada miembro de la tribu confiaba, y confía, en la aportación y el trabajo de los demás para sobrevivir. Cada cual asumía su responsabilidad con su clan de tal manera que se aseguraba, gracias al ejercicio de la confianza mutua y recíproca, la supervivencia del grupo. No podemos analizar este comportamiento de los unos para con los otros como un ejemplo de ética del deber, ya que más que una imposición vertical era una asunción general, indiscutible, inviolable y consuetudinaria. No se puede confiar en quien no es responsable, o dicho de otro modo, solo se puede confiar en aquella persona que es plenamente responsable de su papel en el clan.

Y nuevamente miramos a nuestro alrededor y nos damos cuenta de que la sola idea de clan carece de sentido hoy en día. ¿De verdad?

Es cierto, no volveremos jamás al régimen tribal o *clánico*, ¿pero realmente lo necesitamos para reencontrar y avivar esa necesidad de la confianza en los demás?

Vivimos rodeados de nuestros iguales y raramente preguntamos por ellos. Estamos embebidos en nuestro propio individualismo y desconocemos sus nombres, los nombres de sus hijos, sus profesiones… ¿Tengo que repetirme?

Diría Antonio Machado que

El ojo que ves no es
ojo porque tú lo veas;
es ojo porque te ve.

Nuestros vecinos son vecinos en tanto nosotros vivimos a su lado y ellos al nuestro; así pues, ¿no deberíamos actuar como vecinos? Recobrar la confianza es exponer nuestra mismidad a los ojos de los demás, reconocernos y responsabilizarnos de nuestro papel en la sociedad, en nuestra propia familia, en nuestro círculo de amigos.

Y aunque seamos en muchas ocasiones más duros con los demás que con nosotros mismos (pese a que nos empeñamos en afirmar lo contrario), debemos ser tolerantes con nuestros sentimientos de frustración. Nos hemos acostumbrado a quererlo todo aquí y ahora, y eso es contrario a la naturaleza de la mayoría de las cosas. No podemos conseguir ser más sabios de un día para otro, ni más altos, ni mejores ciudadanos, ni mucho menos cambiar la sociedad en un abrir y cerrar de ojos. No pretendamos, tampoco, que los demás lo hagan.

Preguntemos por los demás, sepamos con quién vivimos y trabajamos. Sus problemas, sus necesidades, sus ilusiones. Descubriremos que no somos «mucho mejores» que ellos, como nos creemos. Y descubriremos que ellos, como nosotros, se creen mejores que los demás. Esto es: todos somos igual de estúpidos en creernos los más listos, ¿o tienes que volver a mirar a derecha e izquierda para creerme? Y esto solo nos distancia. Claro que, para ello, tenemos que denunciar muchas cosas, esas que nos hacen creernos más listos, mejores, porque lamentablemente no todo depende de la idiocia del animal humano, ¡ojalá! También nos debemos a nuestra historia más de lo que realmente desearíamos.

Maldiciendo a Darwin

Ya hemos estado flirteando con los conceptos de *ética* y *responsabilidad*, incluso hemos aludido a otros más avanzados, como el de *ética formal* o *ética del deber*. Y es que, como decía al principio, estamos jugando entre nuestra dualidad humana y animal sin encontrar exactamente una línea divisoria, o unificadora, clara y distinta. Es cierto que el ámbito de lo puramente cultural parece nuestro feudo más humano, pero ya no lo tenemos tan claro como antes de leer las primeras páginas de este texto. Podremos dar una vuelta de tuerca más si de la mano del etólogo Frans de Waal nos introducimos en el maravilloso mundo de *La política de los chimpancés*[6] donde, de manera epifánica, el autor holandés nos muestra las formas de relación social entre estos primates a tal punto que, incómodos, más de un puritano seguro arrojó el libro al suelo y maldijo a Darwin, pero dejemos esto tan solo como un apunte de posibilidades.

Lo que parece indiscutible, después de todo, es que al menos nuestro lenguaje sí sea nuestro. Pero claro, ese «nuestro» es como

[6] F. de Waal, *La política de los chimpancés*, Madrid, Alianza Editorial, 1993.

decir que la Quinta de Beethoven sea nuestra por el mero hecho dadivoso de ser humanos ambos, el genio sordo y nosotros.

Sería entonces más propio decir que disponemos de la capacidad de aprender y usar el lenguaje aunque este no sea exactamente obra nuestra, o más bien, aunque sea un préstamo cultural de los últimos 200 000 años de historia humana.

De tal manera, hablamos un idioma heredado, prestado por los que nos precedieron, que nos permite comunicarnos y pensar tal y como lo hacemos. Pero ¿qué réditos debemos pagar por este préstamo cultural y evolutivo? ¿Tiene algún costo o es una donación totalmente altruista?

Realmente el costo no va aparejado al lenguaje como tal, pero sospecho que sí tenemos que pagar algún tipo de peaje, casi imperceptible para la mayoría, que no es tanto por el uso del lenguaje en sí, sino por la carga conceptual que arrastra consigo. Aclaro: ¿Y si no somos tan dueños de nuestros pensamientos como creemos? ¿Y si estos han sido estructurados y predispuestos de tal forma a través de siglos de historia que no somos capaces realmente de salirnos de estas líneas maestras a menos, claro, que alguien nos haga ver esta realidad?

Brad Pitt es un zombie

Seguramente el nombre de este subtítulo es uno de los que menos te podías esperar. Y seguramente no estarás conforme con él, cosa que entiendo perfectamente. Pero deja que te desarrolle este supuesto inventado. Imagínate que navegamos por el río Amazonas y nos adentramos en sus honduras. Allí nos acompaña el señor Brad Pitt para hacer un experimento. Al llegar a un recodo del río, entre los árboles nos encontramos con un poblado yanomami, y descendemos de nuestra embarcación. Nos dirigimos a un grupo de habitantes y nos presentamos ante un señor maduro que nos está observando atentamente con su hija casadera a un lado. Entonces hacemos el experimento y le decimos a este señor que el señor rubio que nos acompaña, el señor Pitt, desea casarse con su hija (por supuesto, con la aprobación de Angelina Jolie, cómplice del experimento, ¡oh!, ya no). En ese momento, y si la intuición no me deja por mentiroso, seguramente veríamos algo que no esperábamos ver. Lejos de estar feliz y encantado por tal proposición, seguramente el buen hombre se llevaría el disgusto de su vida. Para él, el señor Pitt, lejos de ser un buen partido para su hija, sería lo más parecido a una desgracia o a una muerte cercana. El buen padre protestaría por varias razones muy contundentes con el mero hecho de observar a nuestro invitado hollywoodense. Su piel es blanca y pálida como si nunca le hubiera dado el sol, o como si estuviera muy enfermo; tiene los ojos de un color raro, como azules, como los ojos sin vida de los muertos cuando han pasado varias semanas bajo el agua; y, finalmente, su pelo tiene el color de la hierba medio seca o que se está pudriendo, podría decirnos. Con un poquito de imaginación podríamos pensar que Brad Pitt, a ojos de un nativo de una tribu aislada del contacto con la civilización, es más parecido a un zombi que a un ejemplo de hombre sano.

Esta broma argumentativa —porque posiblemente lo primero que despertaría el señor Brad Pitt ante un pueblo de estas características sería curiosidad, o una lluvia de flechas emponzoñadas— es un ejemplo claro de etnocentrismo. Nosotros, los animales humanos de Occidente, damos por hecho, sin justificación alguna, que Brad Pitt es un hombre guapo, y su ex esposa también. No es un hecho discutible, y eso sucede, en gran medida, porque entendemos que sus bellezas encajan con lo que debiera ser el ideal de belleza humana.

Y este fenómeno, este creer que debe existir una idea de belleza universal, se extiende a algunos otros conceptos, como *el bien, la verdad, la justicia, lo bueno…* Claro que no por el discutible hecho de compartir la idea de *bien* o *justicia* tenemos la obligación absoluta de actuar justamente. Curioso, ¿no es cierto?

Muchos serán los que levanten su mirada al cielo creyendo que estoy haciendo algún tipo de defensa metafísica de «los universales», de la existencia de conceptos inmutables, atemporales y perfectos que dan sentido y capacidad de conocimiento desde el mundo del intelecto, pero no es cierto. No creo que fuera del orbe del bagaje cultural de algunos animales humanos estos conceptos tengan la menor trascendencia; pero lo que sí es cierto es que, de igual manera que hacemos uso de un lenguaje heredado, también pagamos este peaje en ideas y formas de pensamiento igualmente heredadas, y que hacen uso necesario del lenguaje para su transmisión en el tiempo.

La filosofía de puntitas

Es difícil acercarse al mundo del pensamiento sin repetirse y sin aludir a conciencias de mayor peso para tomar impulso, o para creerse uno mínimamente lo que defiende. El ejercicio de la filosofía usa estas muletas para conseguir pararse sobre las puntas de los dedos de los pies e intentar otear a lontananza. Nos repetimos mucho, es cierto, así que permítaseme una finta hacia lo literario como salto de campo a ver si, desde otro enfoque, somos capaces de encontrar diferentes horizontes de especulación.

Siempre me ha sido muy complicado imaginarme un filósofo entretenido en cultivar el campo de sol a sol, o saliendo a cazar con una lanza envenenada, o pendiente de que el fuego no se extinga. El filósofo es, especulo, en gran medida, fruto del ocio. Siempre el animal humano ha intentado encontrar explicaciones a las cosas, es obvio, y más si de estas dependen su vida y la de los demás. Cosas como saber cuándo sembrar las semillas, o cómo matar más rápidamente a la presa, o cómo mantener el fuego prendido de la forma más eficiente. Pero el verdadero filósofo, tal como ahora lo entendemos, surge tras la división del trabajo y el abandono de la economía de subsistencia. Curiosamente, si nos acercamos al latín y a los orígenes de la palabra *negocio*, veremos que *negotium* en la lengua de César se compone de negar y ocio, *otium*, que nos diría Calígula. Así que lo primero y más importante fue el ocio, y después su negación, es decir, el no estar de holganza, el que trabaja.

El filósofo necesita del ocio para poder trabajar, ¡empezamos bien! El tiempo de tranquilidad suficiente que le permita leer, observar, teorizar y rehacer su pensamiento una y otra vez para encontrar una constante, un algo que le permita articular, en un mismo esquema, otras líneas de pensamiento.

Fue propio entonces de un mundo orgánico y por descubrir, que los primeros filósofos de los siglos VII al VI a. C. —que por supuesto no se llamarían a sí mismos de esta forma, y que disfrutaron del tiempo suficiente para no hacer otra cosa más que pensar— buscaran los orígenes de las cosas, o bien, el origen de la naturaleza. A esta utopía en filosofía la llamamos «*arché* de la *physis*», en español «la raíz de la naturaleza», o como se decía antes, «el origen de las cosas». De esta época queda aún un sinfín de reminiscencias poéticas, como el creer que todo viene del fuego, o del agua o de todos los elementos juntos: tierra, agua, aire y fuego. Realmente, lo que los filósofos llamamos el paso del *mythos* al *logos*, o bien, la aplicación del uso de la razón para entender el mundo, no hemos conseguido rematarlo del todo…

Pero me imagino a aquellos filósofos de toga y sandalias incitándose el uno al otro: ¡Piensa en una silla! Hagamos juntos este ejercicio, pensemos todos en una silla. Sí, tú también por favor. No es difícil. Todos podemos imaginarnos una silla, y aunque estas sean diametralmente diferentes entre nosotros y tengan distinto número de patas, colores, materiales de fabricación o nombres suecos impronunciables, tienen algo en común: sirven para sentarnos.

Ante este fenómeno caben varias interpretaciones, pero la más grotesca sería pensar que, de alguna manera, una fuerza sobrenatural nos hubiera metido a todos la «idea de la silla» en la cabeza, de tal manera que nuestro cerebro es capaz de evocarla gracias a esta fuerza telúrica arcana… Absurdo, ¿verdad? Sería mucho más fácil pensar que al compartir todos un universo cultural común donde el elemento silla está presente, nos es fácil recrearla utilizando la memoria. Por eso si le pedimos lo mismo a un yanomami, veremos que nos mira con cara de no entender nada porque en su clan nunca han tenido ni visto una silla y, por supuesto, ninguna fuerza sobrenatural les ha metido en la cabeza idea alguna de silla.

¿Que a dónde voy con todo esto? Tenme un poco más de paciencia.

El garrotazo de la ética

Este es un jardín enorme en el que hay que incursionar como un furtivo aun a sabiendas de los garrotazos que nos darán cuando nos descubran, que lo harán.

Si nos acogemos al significado duro de las palabras diremos que su raíz, *ethos* en griego, se refiere a la manera de hacer las cosas, a la costumbre; o sea, la ética sería lo relativo a cómo hacemos las cosas, en el más estricto sentido de la traducción. ¿Pero quién hace las cosas, y qué cosas?

Obviamente cuando me pregunto «quién», deseo que la respuesta sea sencilla: «yo». Y cuando hablo de «las cosas» quiero entender que son las cosas referentes a los acontecimientos que se suceden entre nosotros, mejor aún, a cómo se desarrollan las cosas entre nosotros, a cómo nos relacionamos los animales humanos.

Pero la respuesta sobre qué es la ética es mucho más compleja cuanto más profundizamos e inventamos sobre el yo, el nosotros, el ello, los universales, la religión, la moral, el deber, la acción, la practicidad, la responsabilidad. Podemos liar la madeja tanto como queramos porque, al fin y al cabo, el lienzo de la filosofía lo suele aguantar todo bastante bien, para desconcierto de neófitos.

Yo quiero quedarme con un sentido absolutamente neutro y limpio, horizontal e incluyente. Ética, sin apellidos, es el modo de relación entre los animales humanos. Así pues, como Aristóteles bosquejaría en su *Ética nicomáquea*, ética y política son entonces dos caras de una misma moneda. Teniendo en cuenta que, como ya dijimos, el hombre es un animal político, tendríamos que añadir que es un animal político y ético… Qué raras sonarían estas palabras en boca de alguno de los cientos de políticos asquerosos y corruptos que seguro ya nos vinieron a la mente. Pero apartemos esto por un rato, ya habrá tiempo de enojarnos más adelante.

Estamos obligados por naturaleza a relacionarnos los unos con los otros, esto ya lo hemos dicho y lo repetiré tantas veces como sea necesario. A esta relación de unos con otros la llamaremos *política* y al modo en el que lo hacemos, *ética*. La historia nos demostrará que ambas partes serán renombradas y reformuladas, adjetivadas y apellidadas una y otra vez, y no por eso dejarán nunca de tener vigencia, y esperemos que siga así por muchos milenios más.

Un coctel de ignoracia

No es poco común que, precisamente por el desarrollo histórico de los conceptos, ahora mezclemos ética y moral con gran ligereza, e incluso las empleemos como sinónimos o utilicemos unas palabras para definir a las otras y viceversa. Es normal y nadie nos ha enseñado lo contrario, y si lo han hecho quizá no estábamos del todo atentos, pero suele ser un coctel explosivo cuando, sobre todo, no se sabe muy bien de qué se está hablando.

La moral será un desarrollo posterior de un modelo ético muy concreto. Aunque si nos limitamos a su etimología (del latín *moralis*: referente o relativo a las costumbres), podría significar casi lo mismo que el *ethos* griego, el hecho de haber nacido varias centurias después le da un carácter absolutamente diferente.

Para diferenciar correctamente ética y moral siempre aplico la misma regla. La ética es horizontal y la moral vertical. Así, la ética es el modo en el que nos relacionamos los animales humanos, y la moral es una imposición cargada de juicios de valor de por qué debemos hacer una cosa y no otra. Más sencillo aún, nunca podremos dejar de actuar éticamente, porque es la naturaleza de nuestra relación, pero sí podremos pasarnos por el arco del triunfo, y con mucho gusto, las innumerables normas morales que con tanto afán, otros antes que nosotros, se han empeñado en fijar.

No sabemos nada, comprobado

El término *valores* —que ahora tanto se usa en los medios de comunicación cuando quieren alarmar a la población con frases como «la sociedad, y más especialmente la juventud, está perdiendo los valores»— es una herencia del antiguo concepto de *virtud* que en la siguiente sección vamos a destripar. Pero como la palabra *virtud* parece excesivamente frágil y timorata, hemos adaptado un término del más puro lenguaje económico para una cuestión puramente metafísica (ya estaba tardando en aparecer esta palabra de nuevo). Los valores son ideas abstractas que, a golpe de repetirlas, las hemos concretado y les damos suma importancia, les damos un gran valor (de ahí el préstamo mercantilista). Honradez, generosidad, honestidad, solidaridad, amistad, lealtad, dedicación, valentía, pasión, y un largo y aún por descubrir etcétera de valores que mutan cada cierto tiempo en contra de lo que todos creen.

No nos confundamos, eventualmente nadie tiene ni idea de lo que son los valores, lejos de alguna frase hecha que repite de forma incesante cuando cree que es el momento oportuno, o cuando el golpe con el mundo real duele demasiado y nos aplasta sin avisar.

Sigo pensando en la silla

Volvamos por un momento a la silla. Platón, según los textos que han sobrevivido, fue el primero en intentar dar explicación a esa capacidad increíble de evocar ideas que aparentemente todos compartimos. Al desarrollo de su teoría la conocemos como el *mundo de las ideas*, pero si quieres averiguar más sobre esto te lo dejo como tarea. Lo que nos interesa realmente es que esta teoría fue la precursora de la creencia compartida por el mundo occidental de que existen ideas universales y trascendentales, como el bien, la verdad, la justicia, e incluso la belleza, como descubrimos gracias al experimento con el señor Pitt.

Y si todos compartimos estas ideas, diría Platón por boca de su maestro Sócrates, lo lógico sería adecuar nuestro comportamiento de tal manera que nuestra meta fuera la consecución de las mismas. En otras palabras: si somos capaces de reconocer el bien cuando lo vemos, tendremos que actuar de tal manera que nuestra meta sea conseguir el bien. Así pues, tras sesudos diálogos magníficamente dirigidos y encauzados, nació la ética de la *virtud*; claro que este nombre, como el de *intelectualismo moral* que también aplica en este caso, sería un invento arbitrario que llegó muchos años después de los teóricos de la ética.

Este apellido que le pusimos a la palabra *ética* fue determinante para que hoy podamos entender el mundo occidental contemporáneo. Pero ¿cómo podemos seguir moviéndonos en los registros de un pensamiento de hace más o menos 2 500 años?, se preguntará más de uno, atónito al leer estos párrafos. Pues piensa, amigo, qué haces todos los días cuando al llegar al trabajo le das la mano a tus compañeros, o esperas una palmadita cariñosa de tu jefe en el hombro por haber hecho bien tu trabajo. Esos pequeños gestos que haces de forma mecánica, y sin darles más valor que el que crees que tienen, se remontan en el tiempo cientos de miles de años. Entonces, que no te sorprenda que lo que inventaron aquellos viejos helénicos de barbas y sandalias siga hoy de absoluta vigencia formando parte de nuestro universo colectivo de lugares comunes. ¿O acaso no puedes completar esta frase: «Yo solo sé...»? No te resultó nada difícil hacerlo, ¿verdad?

Somos herederos no solamente de un lenguaje maravilloso que nos permite hacer cosas asombrosas, o absolutamente estúpidas. También tenemos que pagar una renta por este préstamo, recuérdalo. Y es que lejos de vagar libres por la tierra y ser críticos y autónomos en nuestro pensamiento, el lenguaje, al penetrar y formar nuestras estructuras cerebrales, también lleva consigo, con mayor o menor fuerza, toda una carga histórica conceptual que nos determinará tanto en el modo de pensar como en qué pensamos.

Cuando vemos televisión, cómodamente sentados en nuestra casa, nos solemos escandalizar ante las barbaries del mundo, o ante la burda manipulación de las noticias que intentan hacernos tragar lo que les interesa vender como verdades absolutas e irrefutables. Nos rasgamos las vestiduras porque tal gobierno actuó de forma injusta con su población, o nos aturdimos ante las excentricidades de tal pueblo recóndito cuyas mujeres alargan sus cuellos con mil anillos de metal porque así se ven más hermosas ante sus hombres. ¿Y qué hacemos en todos esos casos sino comportarnos como griegos barbudos con sandalias que reducían su mundo a lo que ellos creían que debían ser y hacer los seres humanos? Lamentablemente siempre tendemos a pensar, desde nuestra absoluta cortedad de miras, que aquello que nos gusta, aquello que entendemos como bueno, o justo, o verdadero, inmediatamente se vuelve medida de todas las cosas del mundo. Un ejemplo estúpidamente claro es la decepción que sentimos cuando descubrimos que nuestro amigo, o hijo, o vecino, no vota por el mismo partido que nosotros, o sigue a otro equipo de futbol, o simplemente Brad Pitt le parece un hombre feo…

Más guapos que todos

La historia la cuentan los que ganan las guerras, no las batallas, y en el mundo del pensamiento y las ideas no iba a ser menos.

Aquellos maravillosos griegos antiguos descubrieron muchas cosas, cosas útiles como la forma de medir la circunferencia de la Tierra, o que las cosas se podían dividir casi infinitamente hasta llegar a una partícula a la que llamaron *athomos*, que significa «indivisible». Y algunos llegaron incluso a pensar que toda la materia se componía de estas partículas indivisibles y que los elementos se diferenciaban, finalmente, por cómo los átomos se combinaban para formarla. ¡Grandes Leucipo y Demócrito, sin duda! Pero también creyeron que por pensar como pensaban eran mejores y más perfectos seres humanos que aquellos otros que ni hablaban, ni pensaban igual. Que eran más justos, más nobles, más capaces, y quizá más guapos. Y por todo esto, aquel que no fuera como ellos era, sin duda, inferior a ellos y, por esta jerarquía del más virtuoso al menos, debían de someterse a la perfección y simetría de su mundo. Todos pensamos hoy en la Atenas clásica como la gran cuna de la democracia, es cierto, tanto como que la población que podía participar de esa democracia era ínfima en comparación con el número que estaba sometido a las leyes segregacionistas de la misma ciudad; hablamos por supuesto de las mujeres, los esclavos o los extranjeros, por ejemplo, que debían mantenerse ajenos a ese invento ilustrado al que llamaron *democracia*. Diría Goya que los sueños de la razón producen monstruos; en este caso el producto fue un culto inusitado al instrumento que alberga esa razón: el sujeto pensante, el individuo como medida de todas las cosas, y esa idea vino a quedarse quizá más que ninguna otra.

El tuerto Filipo de Macedonia sabía bien que el conocimiento es poder, y aún más si este conocimiento se impone desde el poder de uno, aún mejor si estamos en disposición de administrarlo nosotros mismos. ¿Qué otra razón pudo haber entonces para que fuera Aristóteles, discípulo del gran Platón, el maestro de su hijo Alejandro? Lo demás ya es historia.

El pensamiento griego se diseminó con fuerza al mismo paso que los elefantes y caballos de Alejandro Magno iban conquistando naciones. Y aún a la muerte del Gran Alejandro, el pensamiento helénico —y el culto a la razón y al sujeto pensante— fue reconocido como el faro que habría de guiar a los que siguieran la senda del conocimiento y el estudio: la filosofía.

Pasaron los siglos y el foco del fantástico espectáculo del mundo se posó sobre las tierras del río Tíber. Roma, a pesar de sus arcos de medio punto, era tan griega como el queso feta. Imponían el latín allí donde conquistaban para poderse entender con todos y, quizá sin saberlo, normalizar también las distintas formas de pensar: la misma forma de pensar permitía la misma visión del mundo y del universo, con ellos en el centro, por supuesto. Los filósofos latinos mamaron, en todos los sentidos, de los conocimientos y textos de la Hélade, la cuna de los antiguos griegos. En muchos aspectos hoy podríamos decir que los primeros hermeneutas fueron los romanos, esto es, los que leyeron e interpretaron los textos originales, una y otra vez, intentando sacarles lo más jugoso y el mayor provecho. De la mano de una fuerte imposición política e idiomática, de la que un cuarto del planeta aún es heredero, la asunción de los trascendentales platónicos y aristotélicos se ancló tan fuertemente y con tal «justificación», que ya fue imposible pensar el mundo fuera de estos cánones. Roma era el mundo, y el mundo pensaba como Roma.

Y llegó Dios con su moral

La moral es otra de esas armas arrojadizas que no me cansaré nunca de explicar y diferenciar. Y seguro que esta no será ni la primera ni la última vez que lo haga en este texto, y los que queden por escribir.

La moral, como tal, es un concepto que los poco diestros en cuestiones de semántica filosófica siempre confundirán con ética y estos, que son fundamentalmente 99.9 por ciento de la población mundial, utilizarán la palabra *moral* como sinónimo de *ética*, o definirán a una usando la otra y viceversa. Es cierto, ya vimos que la traducción desde sus lenguas originales puede significar básicamente lo mismo, pero como ya avisé, varios siglos separan a la una de la otra y esto marca la diferencia fundamental.

La ligazón de una palabra con la otra —*ética* y *moral*— vendría de la mano de un invento ahora conocido, pero que a nadie se le había ocurrido hasta entonces, y era nada más y nada menos que echarle unos polvitos mágicos y remover bien hasta conseguir una mezcla homogénea. Religión y poder es un binomio tan pegajoso como el chicle y las suelas de los zapatos, y durante siglos los sacerdotes, gurúes y santones de distintos credos han estado co-chineando a sus anchas en los mentideros del poder. Esto es una realidad tal que si mañana hubiera una Tercera Guerra Mundial, que no dudo que suceda más temprano que tarde, se hará sin duda bajo la bandera de alguna religión. Más concretamente, gracias a la mirada de aquellos que se creen tocados por el dedo divino de la interpretación «verdadera». Sí, a mí me repugna la idea tanto como a ti, pero si por casualidad no te da asco tan solo pensarlo, deja este libro y quémalo, nos harás un favor a ambos. Puede que ya intuyas por dónde van los tiros.

Más que aceptado el modelo filosófico griego en el mundo latino, y reinterpretado hasta la saciedad, reapareció en escena un concepto religioso ya conocido: un dios único, renovado y plenipotenciario, pero con el suficiente sazón y revestimiento edulcorado como para cambiar aquel mundo de sandalias y togas. El dios de los judíos era una deidad muy estudiada y etiquetada por los romanos como para que se extrañaran mucho ante aquella nueva secta que apareció en Judea bajo el signo del hijo del mismo dios, crucificado por el imperio en pro de la supuesta redención de los males del pueblo sometido de los descendientes de Israel. Pero la secta fue creciendo, le salieron muchas ramas e hijos bastardos, tantos que no tardaron en aparecer facciones contrarias y beligerantes. Y aun así, el salto hacia el éxito lo dieron de forma muy inteligente, rizando el rizo de la concepción que se tenía de las ideas innatas, trascendentales: de «los trascendentales platónicos». ¿Y si esas ideas, como tan sabiamente describió Platón, esas que todos tenemos en la cabeza instaladas de fábrica, como en un coche están las ruedas, no hubiesen sido puestas ahí de alguna manera fortuita o demasiado inconcreta según el orden azaroso de las almas ante la contemplación de las ideas originales? ¿Y si Dios, ese nuevo Dios que disputaba la divinidad al mismísimo César y que exigía el dominio de los cielos en solitario, sin compartirlo con otros magníficamente instalados antes que él, y si este Dios fuese el causante de la existencia universal y, por ende, trascendente de estas ideas en nuestra mente?

Aquí puedo estar pisando algunos pies sensibles a la presión, no lo dudo, pero este ejercicio de ontologización de la religión, dando por hecho algo que no era más que una teoría —ya que aunque aceptada por la mayoría que importaba no deja de postularse, aún hoy en día, como «la teoría del mundo de las ideas de Platón»— y que, sin embargo, al no encontrar oposición en este punto fundamental de aceptar dicha teoría como cierta, consiguió algo que hasta la fecha era imposible: la aparición de una nueva teología gracias a la hibridación de la metafísica y el concepto de la acción intencionada de este nuevo concepto de Dios. Con un movimiento de prestidigitación magistral, Dios se sitúa como el dador de los conceptos y las ideas. No cayeron entonces desde el mundo de las ideas nuestras almas sapientes a nuestros cuerpos terrenales, Dios fue quien puso allí esas ideas, y abracadabra, con un poco de movimiento y consenso posterior por parte de las sectas cristianas se hizo la magia.

En el año 313, tras el edicto de Milán, rubricado y promulgado por el gran emperador Constantino I del Imperio romano de Oriente y su cuñado el emperador Licino del Imperio romano de Occidente, ya no hubo cortapisas ni circo lleno de leones para los proselitistas del credo del único y verdadero dios (perdón, me refiero en este caso al de los cristianos; que no se ofendan judíos, musulmanes y demás creyentes en su único y verdadero dios, no tienen la culpa de no ser más originales que los demás creyentes). ¿Y dónde quedó la moral, Vico, estarán ya preguntando, si en la ética de la virtud lo indicado era actuar de tal modo que acomodáramos nuestra acción a aquellas ideas que traíamos milagrosamente de fábrica en la cabeza como el bien, la verdad o la belleza? En este caso, la acción no vendría de nuestro entendimiento que debía discernir la acción virtuosa, esto es, ya no estaba en nuestra elección dialógica, es decir, en nuestro uso particular e individual de la razón. En este nuevo contexto, al ser Dios el que en un arrebato de bondad nos impuso estos conceptos, era preciso suponer que aquí va unida la obligación de actuar de acuerdo con los mismos.

Me explico de nuevo para los que ya están mirando al cielo rascándose el mentón. Esto es —y gracias a los que son capaces de leer los libros sagrados cosas que para otros no son más que parábolas e historietas más o menos curiosas—, Dios impone no solo la posibilidad de conocer las cosas, sino también un código de conducta vertical: desde Él, que está arriba, hacia nosotros, pobres desgraciados pecadores que estamos abajo (unos más abajo que otros siempre, que no se te olvide) y así, y por arte y gracia, aparece en la historia occidental la moral, ya no como una traducción de la palabra *costumbre* o *tradición*, sino como un código de conducta impuesto desde los cielos que ¡ay de aquel que no lo cumpla!, pues no habrá agujero donde no sea visto y castigado por el mismísimo Dios o por alguno de sus esbirros con sotana, o peor, por una horda de fanáticos civiles deseando ver cómo ardes para después quedarse con una parte de tus bienes por denunciarte por hereje.

Claro que para todo hay truco y, si por casualidad eras rico, o por el contrario estabas dispuesto a hacer alguna locura, descuida que siempre había forma de acabar con esos pecadillos. Y así aparecieron ejercicios tan divertidos como las penitencias y limosnas que evitaban ir al infierno por comer carne en Cuaresma o cosas peores, así como las órdenes de caballeros que debían liberar Tierra Santa para limpiar sus pecados y ganarse una parcela en el cielo con piscina y vistas, o bien, fórmulas mucho más sofisticadas como las bulas papales o pontificias.

La moral —siempre de la mano de su progenitor: la ética religiosa— es entonces una norma heterónoma, lo cual quiere decir que se impone desde afuera, que dicta qué hay que hacer y, sobre todo, qué es lo que no hay que hacer. Pero como toda norma impuesta por el hombre, tiene sus dobleces y trucos. Y así no faltan en el idioma palabras o expresiones tales como doble moral, amoralidad, inmoralidad y alguna más que ahora no quiero recordar, pero que seguro si rascas un poco encontrarás en abundancia.

Los tropezones a la sopa[7]

Recapitulemos desde lo anterior hasta este punto. No importa lo que no hayamos visto o si no te quedara del todo claro, para eso tienes las bibliotecas y recuerda que Google es tu amigo. En el fondo lo que nos interesa es poder hacernos alguna especie de idea general que nos aclare si saldremos por nuestros propios medios de nuestra galaxia en los próximos siglos, o si por el contrario tenemos los días contados y ninguno verá a sus bisnietos graduarse en el jardín de infancia. Sobre lo dicho ya de ética y moral, durante siglos los filósofos, pensadores y demás ociosos inventaron y desarrollaron diferentes modelos para intentar, con su mejor buena fe, dar explicación a las cosas que estaban ocurriendo en cada momento y que amenazaban a la sociedad. Los diferentes modelos éticos son creaciones, invenciones, que se deducen de los modelos filosóficos más o menos complejos que se han ido sucediendo en la historia, y que han sido igual de inventados que las muchas obras de otros géneros literarios. Arrancamos en la antigua Grecia, como ya expliqué, desde la exaltación y la centralización de la razón en un individuo gestado por la ética de la virtud, un individuo receptáculo de una serie de ideas supuestamente universales y trascendentales. La evolución histórica de este modelo socrático-platónico, desde la caída de Roma hasta el Renacimiento, dio pie en este periodo a la aparición de la ética religiosa y posteriormente a la ética moral. Y de estos modelos, parecidos como dos gotas de agua a pesar de llamarse diferente y estar separados por los oscuros siglos medievales, saltamos a la ética del deber kantiana, que con tanta fuerza dejó su impronta en la teoría del derecho moderno. No olvidemos que de algún sitio tenía que venir la tan famosa expresión de *derechos y deberes*.

[7] Los tropezones, amén de ser un trastabillo por casualidad o por ebriedad, son los pedazos de alimento que encuentras en la sopa, o en un yogurt de frutas, que no han sido del todo triturados, y que al meterte la cucharada colmada en la boca dan tanta alegría como asco (según los gustos).

Hubo, y hay, muchos otros intentos de reformular el modelo ético, de buscar su practicidad, de dar solución a problemas definidos; como ejemplo están todos los derivados de los avances científicos y tecnológicos, la bioética o los dilemas que se están planteando con la próxima irrupción de la inteligencia artificial. Pero todos los modelos son construcciones en los que el individuo actúa desde sí mismo para sí mismo y, casi como una cuestión meramente casuística, finalmente actúa sobre la sociedad; todos estos modelos han hecho que el hoy sea como es, y no de otra forma. Ninguno de los modelos éticos originados desde el uso de la razón individual, desde el sujeto agente, trascendental o como narices lo hayan querido apellidar durante los últimos 2 500 años, es capaz de pensar fuera de la primera persona del singular, del yo, y si fuera capaz de ello no llega a entender el yo como parte de un nosotros, sino como líder, gurú, o elemento claramente diferenciado que, en el fondo, se sabe distinto... mejor.

Hoy, los filósofos escondidos en nuestras burbujas de vidrio templado contemplamos, sin hacer nada más que mirar y señalar torpemente con el dedo, a las imágenes distorsionadas que como en una nueva caverna platónica pasan ante nuestros ojos, mientras permanecemos encadenados a nuestros escritorios. Se trata de una gran crisis de los modelos individualistas que está abocando al mundo a un flujo impredecible de intereses contrapuestos y particulares.

Sabemos que el animal humano debe renovar el contrato social y recuperar la confianza que antaño tuviera en sus iguales. Si alguien me preguntara cómo hacer esto no podría darle una respuesta completa ni totalmente argumentada, pero le invitaría a conocer los nombres y rudimentos sociales básicos de las personas que viven junto a él, de sus vecinos: ese sería el comienzo de una posible argumentación. Fue Aristóteles quien dijo que el hombre es un animal político. Cuando dijo esto, me repito, se refería a que el ser humano necesita vivir con los demás para poder desarrollarse plenamente, primero entre sus familiares, después uniéndose varias familias para formar clanes y pueblos y finalmente crecer para componer la *polis*. De hecho en su frase «solo los animales y los dioses pueden vivir solos» nos embiste con un ariete de humildad: no somos tan especiales, tan listos y tan únicos como nos creemos, eso son los dioses; nosotros somos animales, pero no como aquellos que pueden estar solos, sino aquellos que precisan de los demás para ser en acto lo que son en potencia cuando nacen. De modo que nos definimos esencialmente desde la mirada del otro, y esto conlleva la necesidad imperiosa de reformular nuestros modelos éticos hacia aquel que nos permita renovar el tejido social desde él mismo, para él mismo. En palabras del filósofo Javier Sádaba:[8] «Ética debería definirse como responsabilidad», la responsabilidad del individuo para con la sociedad y de la sociedad para con él como parte de una misma cosa indisoluble.

Pero somos necios y nos privamos de la posibilidad de renovación. Pensamos que los que vienen detrás de nosotros no podrán hacer lo que no hemos conseguido, porque no son como nosotros, porque no saben del mundo como sabemos nosotros, porque si nosotros no pudimos, ¿cómo lo podrán hacer ellos? Porque no tienen las herramientas necesarias (que curiosamente no hemos sido capaces de heredarles), porque no tienen valores…

Y entonces todos se vuelven juez y parte de la debacle social: si no tienen valores, ¿a qué se debe? ¿Los han destruido acaso? ¿Se limpiaron el culo con nuestro legado de sabiduría y buen hacer? ¿Sabemos siquiera qué son esos valores que con tanto afán nos empeñamos en restregar por la cara de una juventud de la que un día formamos parte y hoy ya no nos acordamos?

A menudo, cuando hablamos de los «jóvenes» como de una especie alienígena que está amenazando el *statu quo* que con tanto dolor nos está doblegando el espíritu, no hacemos más que repetir lugares vacíos y sin sentido; especulamos sobre la falta de valores y de compromisos de estos, que no son más que nosotros mismos en una etapa anterior de nuestras vidas de supuestos adultos, y nos quejamos

---

[8] Nuevamente se presenta el problema de citar a un amigo, y es que este pensamiento de Sádaba surge de su boca a mis oídos en una comida, de las muchas veces que nos hemos encontrado en México.

de que por alguna razón los «jóvenes» ya no son como eran antes. Pero esto es una banalización maliciosa. Una soberana estupidez. Ya en las tablas hititas que datan de hace más de 3 200 años podemos encontrar argumentos igual de necios. ¡Por supuesto que los jóvenes tienen valores! Aristóteles y Platón disertaron extensamente sobre el amor (*Fedro* y *Banquete*) y la amistad (*Ética nicomáquea*) como virtudes fundamentales que debe trabajar el ser humano para ser mejor, ¿y acaso no es en la juventud donde estas virtudes se descubren, se expanden y se viven como nunca volverán a hacerlo en las demás edades del hombre? Somos animales de poca memoria, o más bien de memoria selectiva siempre al servicio de la autoconservación de nuestra propia idiotez. Y hemos descubierto que con la palabra *valores* tenemos una perfecta arma arrojadiza, detrás de la que todos los mediocres que piensan igual son capaces de crecerse y hacer valer un pasado en nada distinto al presente que ahora sufrimos, pero tamizado por la idealización del cretino que todos llevamos dentro. Recordemos a los poetas que son eternamente jóvenes, Rubén Darío por ejemplo, ya que solo así pueden retener el brillo de la genialidad que se le brinda al animal humano una vez en la vida:

Juventud, divino tesoro,
¡ya te vas para no volver!
Cuando quiero llorar, no lloro...
y a veces lloro sin querer...

El perro pulgoso de la amistad

Creo que no debe ser del agrado de nadie hacer una enumeración de las vías de agua de nuestro barco y no intentar, siquiera, poner un tapón para evitar la inminente zozobra. Pero la literatura filosófica debe imitar los modelos narrativos exitosos, y no me refiero a la *Crítica de la razón pura* de Kant; más bien prefiero, en este caso, algo más parecido a *La Bella y la Bestia* de Disney. Así que sigamos con peras y manzanas.

Pocos serán los que ansíen un futuro de individuos que han perdido la capacidad de comunicarse los unos con los otros porque simplemente no confían en los demás, y que crean además que todos son imbéciles e indignos de compartir el mismo planeta.

Exagero, ¿verdad? En el año 2014 el Instituto Nacional Electoral de México realizó un sesudo informe de más de 300 páginas titulado *Informe país sobre la calidad de la ciudadanía en México*; en la página 126, casi perdido entre miles de esquemas y resultados estadísticos, aparecía un pequeño dato: entre 65 y 80 por ciento de la población de México reconocía que no se puede confiar en la mayoría de las personas. ¿Todavía crees que exagero? Claro que tu instinto de autoconservación te hará pensar que esa estadística es parcial, o que solo afecta a México, y como vives en Laponia no tienes que sentirte reflejado. Y como ya te he explicado los problemas de la pérdida de la confianza, intentarás agarrarte de donde sea para no formar parte de ese porcentaje brutal de gente que cree que simplemente no se puede confiar en la mayoría de las personas… Claro que de este aproximado, 72 por ciento, todos afirmarán que en ellos sí que se puede confiar, porque claro, ellos son muy listos, son muy buenos, son muy confiables… Terrible, ¿verdad?

Lamentablemente no acaba aquí el desglose de la maldita estadística, y en la página siguiente podemos leer una frase que me hiela la sangre: «Finalmente, no hay diferencia significativa en el nivel de confianza interpersonal por edad de los encuestados».

¿Qué mundo estamos construyendo? Quizá sea verdad que los jóvenes han perdido unos valores que nosotros nunca fuimos capaces de desarrollar, y que añoramos como a aquel Jardín del Edén que realmente nadie conoció o a aquel amor de juventud al que jamás te atreviste siquiera a poner nombre. Y estamos obligando a nuestros jóvenes, si es que aún no te has querido dar cuenta, a vivir en el mundo que odiamos haber heredado de nuestros mayores.

Amor y amistad, valores verdaderos de la juventud que nos empeñamos en ensuciar o desprestigiar porque con los años perdemos la pasión, el respeto y la fidelidad al amor que nace en las entrañas, y al que nunca se engaña porque es simplemente imposible. La amistad se convierte en un perro viejo y pulgoso que siempre se deja en un tercer plano, relegado por el trabajo, las «obligaciones sociales», la alienación individualista a la que con tanto gusto nos agarramos como una tabla de salvación para protegernos de nuestro propio reflejo que son los demás y que tanto miedo nos da. Y los consultorios de los psiquiatras, los psicólogos, los confesionarios de las iglesias, los burdeles y las cantinas están llenas de adultos desconfiados e imbéciles que se quejan amargamente de que los jóvenes han perdido los valores, mientras no son capaces de reconocer que ellos son los que han perdido la capacidad de amar y de confiar, que no es más que saberse animales humanos que precisan del amor y la amistad para poder desarrollarse.

Al leer este párrafo en concreto, en una de las revisiones previas a la publicación del texto, mi amigo Juan Antonio Campos me escribió: «Es curioso que para sentirnos más humanos debamos abandonar lo que nos hace únicos, la razón. Y buscar la humanidad en los sentimientos, elemento que compartimos con los animales. Quizá y salvando las distancias, ellos nos enseñen a ser personas». Casi estoy de acuerdo con él. Por cierto, le debo unas flores.

De copiones a protagonistas

Digan lo que digan, la juventud —como el dinero, aseveraría Dostoievski— lleva la libertad acuñada en sí misma, entre alguno de sus muchos valores, como la curiosidad, el ímpetu, o la valentía. Cuando denunciamos los «vicios» de la juventud no hacemos más que evidenciar nuestros propios fracasos como responsables primeros y últimos de los mismos.

Según la estadística de *Latinobarómetro 2017*, 86 por ciento de la población latinoamericana, sin diferenciar edades, es incapaz de confiar en sus semejantes, lo cual significa que realmente estamos haciendo algo muy mal. No es este el momento de buscar los buenos datos de confianza interpersonal del norte de Europa, ellos tienen sus propios problemas. Pero el aquí y ahora es mucho más preocupante para nosotros, y para el que me lea desde la península Ibérica tiene que saber que el índice de confianza se sitúa por debajo de 40 por ciento en España y en 20 por ciento en Portugal,[9] tampoco es como para tirar cohetes, me parece.

Es absurdo, de toda forma y sin consuelo, esperar un mejor futuro cuando deberíamos espantarnos al ver que nuestros jóvenes están replicando nuestro modelo.

¿Qué esperábamos?

Hace años le pregunté a un amigo filósofo por qué sus hijos leían con tanto gusto y pasión, me miró y me contestó sin muchas ínfulas: «Hacen lo que ven». ¿Se trata de una idea muy compleja? Si en tu casa no entra un libro ni porque te lo tiren desde la calle, difícilmente conseguirás que tu hijo lea, o por lo menos desarrolle el hábito de la lectura desde la infancia. Si lo hace posteriormente ten por seguro que es porque alguien con más influencia que tú ha conseguido sembrar en él la semilla de la curiosidad lectora, y si se agarró de los libros por iniciativa propia entonces déjale vía libre y no lo molestes con tus patanerías… Claro que si en tu casa no entra un libro difícilmente estarás leyendo esto. Espero, entonces, que tu hijo te lo lea algún día. Así pues, esta frase entrecomillada tan dolorosa sobre que no hay diferencias significativas entre edades es una ejemplificación pura y dura de cómo nuestros hijos copian y toman como suyos nuestros modelos, que a su vez heredamos de sus abuelos.

La única posibilidad de un mundo mejor pasará porque la juventud agarre las riendas y sepamos echarnos a un lado los que sobramos y sumarnos los que no restemos. Pero es muy difícil saber cuándo uno sobra, y más si partimos de la base de que todos nos creemos más listos que los demás, y por ende, imprescindibles. Estorbamos, muchos estorbamos, y lastramos la posibilidad de cambio, ya sea por acción consciente o por ignorante inacción o por la nefasta mezcla de

[9] Cifras publicadas en *European Social Survey. ESS7-2014.*

ambos. Porque todos nos creemos juez y parte. Todos somos culpables, es cierto, pero no todos podemos desmarañar este nudo gordiano, no todos tenemos esa espada y brazo fuerte. Y no, ser padres o madres no es un don que te torna infalible y superior a tus propios hijos, no te dota de ningún estatus mágico que justifica cualquier acción o lección a tus propios hijos simplemente porque te crees mejor y más dotado que ellos. Eso se llama *idiotez*.

Ay de los padres que aun sin tener el nivel de estudios de sus hijos, por ejemplo, son capaces de despreciar sus conocimientos e imponerse neciamente por la simple casualidad de haber nacido 20 o 30 años antes. Pretendemos que nuestros hijos sean más guapos y listos que los demás, pero no más listos que nosotros. Y este encorsetamiento familiar se basa en absurdas creencias consuetudinarias más propias del Medievo que de una sociedad moderna que pretende dejar más que lo que recibió a su descendencia. Imposible. Nosotros, los «mayores», no conocemos, ni nos importa, el nombre de los hijos de nuestros vecinos ni a qué se dedican laboralmente, y a nuestros hijos tampoco. Si tú no lees, tu hijo tampoco lo hará. Si no dialogas en casa, tu hijo tampoco lo hará, y así suma y sigue hasta cuando los más afortunados llegan a niveles más altos de educación que sus progenitores y todo se acaba con un «¡cállate, qué sabrás!». ¿Quién nos enseña a ser padres?

El mundo desde la cantina

Educar es una de esas palabras que tampoco tardan en salir cuando se intenta arreglar el mundo desde la barra de alguna cantina, o desde alguna red social entre comentarios sobre la sociedad capitalista que nos oprime y alguna foto de Julio Iglesias oportunamente remozada para sacarnos una sonrisa boba... «y lo sabes». *Educar* es guiar, como el término latino nos recuerda, ¿pero quién es el guía exactamente?

De alguna manera siempre hacemos la distinción entre educar y formar, y como formar suena muy formal lo situamos en el ámbito de la educación formal (perdón por la cacofonía redundante), como la escuela, la universidad y demás instituciones de ese calibre, tan «alejadas» del calor del hogar.

Muchos habrán oído aquel cliché de que en la escuela te forman y en la casa te educan: es la típica frase hecha para justificar el fallo de uno u otro de los implicados en el proceso educacional del animal humano. Pero no es cierta, es una excusa más para no tragarse cada cual el amargo destilado de la realidad poliédrica en la que estamos inmersos desde que pisamos, con conciencia de hacerlo, este mundo, en donde cada uno debe desempeñar un papel que raramente asume.

Pensar que la labor educativa se reduce a demarcaciones en el espacio-tiempo —la casa o el colegio, dependiendo del tramo horario del día en el que estemos en ese instante— es de una simpleza tal que ofende a cualquier persona con dos dedos de frente que use la cabeza para algo más que lucir peinados o sombreros. El ejercicio pedagógico es constante (recordemos que *pedagogo* significa en griego —el que encamina al niño—), pero no solo afecta a los niños, como la mayoría de nosotros quisiera creer... ¿Qué te van a enseñar que ya no sepas, verdad? Y es que todos somos agentes pasivos y activos del ejercicio pedagógico y estamos constantemente inmersos en el proceso educativo: niños, padres, abuelos, amigos, vecinos, ¿no te lo crees? Cuando vemos la televisión, aunque sea con absoluta desgana tirados en el sofá, estamos aprendiendo, aun sin querer, cualquier cosa, cierta o no, útil o no, que salta de la pantalla a nuestro cerebro. Y si tenemos a nuestro hijo al lado, le estamos enseñando cómo malgastar el tiempo justificando nuestra propia indolencia en pro de sea cual sea el contenido del aprendizaje que en ese momento la televisión nos aporte.

La cuestión educativa no es un binomio segregado y sin roce entre casa y escuela y algo más a lo que no ponemos nombre; es algo mucho más complejo, pero no por ello difícil de entender. Y, aun con miedo a ser apedreado por una horda de pedagogos y educadores airados por el bastardeo que supone la divulgación, casi coloquial y desenfadada, de cuestiones específicas de cualquier campo del conocimiento, voy a plantear, de forma muy esquemática, algunos de los rudimentos de la estructura educativa más básica para que nos demos cuenta, unos y otros, del débil equilibrio del que depende tanto nuestra educación como la de nuestros hijos, o los hijos del vecino.

Y para facilitar las cosas te presento un trilladísimo diagrama de Venn que intenta representar cómo las tres esferas de interacción que rodean al «sujeto de aprendizaje» no están aisladas, sino que se pisan, complementan y en muchos casos pugnan entre sí:

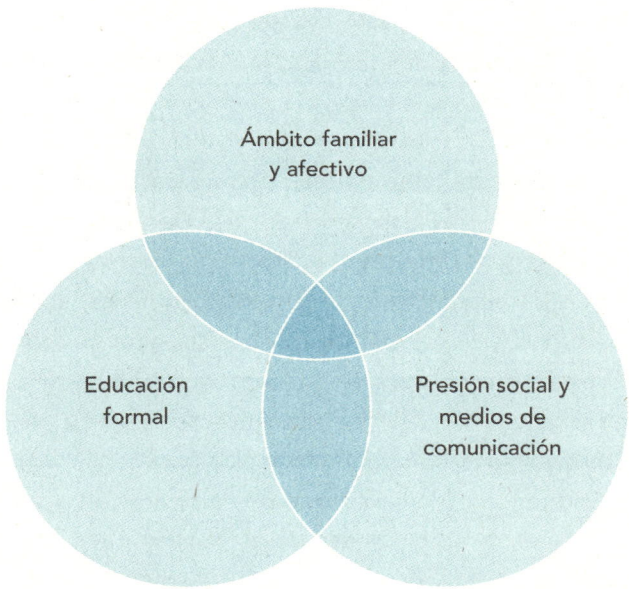

Así, sin anestesia, puede parecer algo duro de entender para algunos, una estupidez para otros y un galimatías para los demás. Todo es posible, pero intentaré desgranar cada uno de estos círculos para después echarlos a pelear, aunque si has sido un lector agudo ya has visto que la pelea, como tal, empezó desde la primera página.

Educando a Einstein... o a Maluma

Las cosas se pueden mostrar de manera sencilla, pero no tan simples como quisiéramos. Hay que echarle algo de ganas, como en todo, así que empecemos con el delicado tema de la familia y aquellos que, sin llevar nuestros apellidos, también nos quieren.

Es obvio que el ámbito familiar y afectivo es un pilar fundamental y vertebrador de la educación, por lo menos en las primeras décadas del desarrollo de cada cual. Es en este espacio donde aprendemos a hablar y andar, empezamos a pensar, reconocemos al otro en nuestros familiares y a nosotros mismos en sus palabras y gestos. Aprendemos desde cómo ir al baño solos y llevarnos la cuchara llena de sopa a la boca (esto a mí aún me cuesta trabajo), hasta cómo dirimir roces y problemas personales. Aprendemos a negociar, a chantajear, a soportar estoicamente las reprimendas por no comernos las espinacas o las felicitaciones por habernos limpiado solos el trasero, y hacerlo bien. Y todo esto pasa casi por arte de magia, como sin que nadie hubiera tenido que enseñar a nuestros padres a ser padres. Y pensamos que nuestros padres son los mejores padres del mundo aunque a veces tengan sus «cosillas». ¿Pero cómo ser objetivos con la labor educativa de nuestros propios padres? ¿Cómo juzgar si son buenos o malos padres? Esto no sucede hasta que no tenemos la capacidad de comparación, y esta nos la suelen brindar el aspecto afectivo no perteneciente al ámbito familiar: los amigos.

Cuando ya somos lo suficientemente independientes como para estar solos con nuestros amigos, salir a la calle a jugar, ir a sus casas a pasar el tiempo haciendo castillos en el aire, o naves espaciales con piezas de plástico, es cuando pueden empezar las comparaciones. Es obvio que como la madre de uno nadie hace mejor de comer... ¡indudable! Y aunque nuestra irracionalidad nos impulse en muchos casos a querer imponer el ejemplo de la comida a cualquier campo comparativo, sí es cierto que la diferencia de modos y formas comienza a evidenciar que el mundo no es tal y como nosotros creíamos desde nuestra ingenuidad, que hay y que habrá más de una forma de hacer el gazpacho, aunque sigas prefiriendo el de tu madre.

Los amigos nos dan la posibilidad de ver que «el otro» está más allá de los posibles tíos, abuelos o primos, y que tenemos que desarrollar toda una estructura de capacidades y habilidades sociales eficientes y autónomas para cuando, desgraciadamente, ni amigos ni familiares puedan ayudarnos.

¿Pero es el mero hecho biológico de poder engendrar descendencia lo que nos legitima como padres, como educadores? La respuesta es obvia y dolorosa: ¡No!

En los distintos procesos de adopción de un niño, las instituciones pertinentes, sabedoras de la respuesta negativa anterior, se deshacen en estudios e investigaciones para evaluar la capacidad e idoneidad de los posibles padres que solicitan la adopción. Este proceso suele ser traumático en muchos casos, pues no falta el posible padre demandante que no entiende el proceso y aluda a la no necesidad del mismo en los casos de padres biológicos, que tienen hijos porque sí y nadie los cuestiona. Es cierto, nadie nos evalúa como posibles padres cuando la naturaleza sigue su aparente camino normal, ¿pero realmente todos los padres son buenos padres? La respuesta es igual de obvia que la anterior, aunque si preguntamos a los hijos de estos malos padres, tal vez muchos crean justamente lo contrario, y muy pocos, desgraciada y tristemente, sí son dolientemente conscientes porque obviarlo es imposible.

Ser padres no debería ser un proceso meramente biológico, sino racional y meditado, un hecho que estimule y refuerce su necesaria formación. No, no hablo de una formación reglada que necesite un título institucional para poder ser padres; basta con tener interés e informarse convenientemente, aumentar el umbral de responsabilidad y no dar por hecho neciamente que, por ser maravillosas personas, más listas y guapas que los demás, como se creían los griegos, solo por eso seremos magníficos padres que educaremos al próximo Albert Einstein, Cristiano Ronaldo o Maluma... ¿A que estos nombres suenan raros juntos? ¡Para que veas lo diferentes que somos! Así que no des por hecho tan rápido que eres un buen padre, bríndate el lujo de dudar, intenta ser crítico y, si crees que lo eres, un poco más no está de más.

Todos fallando siempre

Pero ¿cómo pretender todas estas cosas cuando los índices de embarazos en adolescentes siguen siendo una rémora tercermundista que destierra la posibilidad de un ambiente familiar responsable y cabal, de una posibilidad de un futuro prometedor? Y todo esto sin entrar siquiera en las cuestiones básicas de los riesgos para la salud de madre e hijo y, por supuesto, el peligro de las enfermedades de transmisión sexual que, al mantener evidentes relaciones sexuales sin profilaxis alguna, campan a sus anchas y no conseguimos nunca, ni conseguiremos, erradicar jamás de la faz de la tierra.

La jodienda no tiene enmienda y la estupidez humana tampoco. Cuatrocientos cincuenta mil niños nacen al año en México de madres con edades inferiores a los 19 años. Y esto no solo es un fracaso social, que lo es; es un fracaso educacional en todos los aspectos, un fracaso de los padres de la madre-niña tonta igual de tontos que ella, es un fracaso de los amigos y del padre-niño de la criatura igual de adolescente e ignorante que la madre; es un fracaso del sistema de educación formal que no es capaz de hacer llegar el mensaje adecuado y alzar la voz de alarma, y de los medios de comunicación, y todos los aspectos que se derivan del uso de las nuevas tecnologías de la información y comunicación, que responden a intereses privados sin el menor sentido de la responsabilidad social y al poco sentido común de los que lo consumen y hacen uso de ellos.

Si se producen este tipo de embarazos es porque la información necesaria para evitarlos no existe o, peor aún y más probable, incluso existiendo, no genera el más mínimo sentido de responsabilidad en el receptor porque al sector poblacional a quien va dirigida no la acepta, no se la cree o no la considera necesaria, bien porque no está lo suficientemente motivado o cualificado para asumirla, o bien porque se cree ingenuamente exento de todo riesgo. Te suena, ¿verdad? Y el resultado de este fracaso, en definitiva, es labor de todos, de las tres esferas de la educación descritas en el diagrama de Venn de hace algunas páginas.

¿Qué futuro le espera a un niño que tiene como padres a otros niños igual de irresponsables e ignorantes que él, que acaba de nacer y que no tiene la culpa de nada, que es el resultado de una sociedad fracasada? Y así se repite la historia, lamentablemente, como en una perversión nietzscheana del eterno retorno: niños que engendran niños que a su vez engendrarán más niños. Las justificaciones son miles y ninguna pasa por la asunción de la ignorancia y la falta de responsabilidad de todas las partes involucradas, porque no hay nada más temerario que la ignorancia, y no debemos entrar en el vicio de la réplica o de intentar hacer entrar en razón a nadie. Si una adolescente se queda embarazada no es porque Dios lo quisiera, es porque todo el mundo falló en la parcela de responsabilidad que le tocaba, y nada más. No hay nada de divino en esto, es biología e insensatez a partes iguales, es ser mucho más animal que humano. Lo divino queda para otras cuestiones en las que no entraré en este libro.

Además hay que trabajar

Si no tuviéramos aún bastante, porque siempre puede ser peor, tenemos que trabajar. Esta obviedad, que como dijimos al principio afecta a 99 por ciento de la población mundial de todos los tiempos (el número lo inventé, pero no creo estar muy confundido), y que parece que permanecerá constante mientras sigamos existiendo en el planeta, o fuera de él, se ha convertido en uno de nuestros mayores problemas hoy a la hora de afrontar la aventura de formar y mantener una familia.

Y es que sin trabajo nadie se atrevería a formar un núcleo familiar porque no habría forma de mantenerlo. Pero lo paradójico viene cuando una vez conseguido el trabajo afrontamos la faena de reforzar y

perpetuar la familia, si es que no planea sobre nosotros el buitre carro-
ñero de una crisis económica nacional o internacional. En el mejor y más
benigno de los escenarios, donde ambos trabajan y no falta dinero para
pagar la hipoteca y las múltiples facturas, resulta que el hogar se convierte en una especie de hotel que solo se usa cuando se llega agotado
y con pocas ganas de nada, pocas ganas de ayudar, pocas ganas de
hablar y muchas ganas de descansar y obviar que al día siguiente nos
espera más de lo mismo. Y aunque los padres voluntariosos se afanen
en poner lo mejor de su parte y ayudar a sus hijos en las tareas, y hacer
cosas juntos, la realidad de la conciliación familiar es que a duras penas
las familias pueden pasar al día más de tres horas de calidad juntos,
y eso si vives en un país con una jornada laboral reglada y medianamente cabal. Pero ay de ti si has tenido la mala fortuna de nacer en un
país que, aunque industrializado y moderno, no pasó por el amargo
trance de la lucha obrera por una jornada laboral sensata, un periodo
vacacional suficiente como para reponerse de un año de alienación, en
definitiva, unas mejores condiciones de trabajo y de vida. Puede entonces que esas mal contadas tres horas se vean reducidas a minutos,
o simplemente a algunas horas las tardes del sábado y el domingo.

Y porque no me crees, y haces muy bien en ello, te regalo una
estadística relacionada con las horas de trabajo anual en diferentes
países. Tal vez así consigo que empieces a ver con otros ojos la importancia y la necesidad de aquello tan viejo y trasnochado de la lucha
obrera y la sindicalización, si es que realmente te estás planteando tu
papel en la educación de tus hijos.

Horas trabajadas al año (OCDE)	
País	2017
Países Bajos	1433
Alemania	1356
Dinamarca	1408
Francia	1514
Suiza	1570

Horas trabajadas al año (OCDE)	
País	2017
Suecia	1609
España	1687
Reino Unido	1681
Canadá	1695
Portugal	1863
Japón	1710
Italia	1723
Estados Unidos	1780
Irlanda	1738
Turquía	1832
Rusia	1980
Chile	1954
Grecia	2018
Corea del Sur	2024
México	2257

Definitivamente nunca hubo mejores condiciones de vida que las que ahora disfrutamos. Gozamos de más facilidades y adelantos tecnológicos y científicos inimaginables que en cualquier otro periodo histórico. La esperanza de vida se ha disparado y problemas como la mortandad durante el parto o los primeros estadios de la vida son irrisorios si los comparamos con las cifras de hace 200 años. Pero todo esto nos ha traído otro tipo de sacrificio. Si, según los antropólogos, el hombre primitivo dedicaba a la supervivencia (caza, recolección de alimentos, búsqueda de agua, adecentamiento del lugar donde vivía y demás labores) un promedio de tres horas diarias, pudiendo así dedicar a la familia y la socialización el resto de las horas de vigilia, con dificultad alguien que viva en Grecia, Corea o México podrá dedicarle esas tres preciosas horas diarias a su familia.

La familia es sin duda la gran perjudicada de la modernidad, o por lo menos en lo que a pasar tiempo juntos se refiere, con la consecuente tara en el papel pedagógico de la misma. Pero el animal humano precisa de los demás para desarrollarse y en quién poder confiar y así completarse convenientemente. Precisa de un clan, o de un pseudo-clan, o de un grupo aún más reducido de personas que le puedan aportar esa afectividad que necesita, de quien pueda aprender, en quien pueda depositar su confianza y, a la vez, actualizar su papel como parte misma de un todo que cuenta también con él. La amistad ha sido y es fundamental entonces, ahora y siempre, en nuestro desarrollo personal. Pero claro, tampoco es fácil compaginar horarios, espacios y situaciones para que esto se dé satisfactoriamente en la mayoría de los casos. De manera que también hemos tenido la brillante idea de inventar magníficas herramientas de distracción, esparcimiento, aprendizaje y, por qué no decirlo, manipulación y contención.

Difícilmente nuestros hijos podrán gozar del lujo de tener amigos en otro horario que no sea el de la escuela, si vivimos encerrados y desconocemos el roce de la piel del otro. Espero, pues, me perdones por esta nueva repetición de lo mismo; ni siquiera sabemos cómo se llaman los hijos de nuestros vecinos que es con quienes deberían jugar, y si nosotros no lo sabemos, ¿cómo lo sabrán nuestros hijos?

Al menos nos queda la escuela, sin duda. Aunque hayamos tenido que alargar artificialmente sus horarios *ad infinitum* para que compaginaran con el de nuestros trabajos, inventando un sinfín de actividades extraescolares que, si eres pobre y llevas a tus hijos a la escuela pública, tendrás que pagar de tu bolsillo y quizá te obligue, paradójicamente, a trabajar más para pasar aún menos tiempo con ellos. Pero es importante que tras terminar sus tareas aprendan karate, baile, toquen algún instrumento, que vayan a natación, que refuercen su inglés o lo complementen con alguna lengua más… porque ya tendrán tiempo de jugar en vacaciones, porque la vida es competencia y sacrificio y cuanto antes lo aprendan mucho mejor.

Profesor terrorista o educador sano

Vaya por delante, y antes de entrar en el tema de la educación formal, mi más absoluto respeto y admiración por aquellas personas que, por vocación y espíritu de entrega, se dedican a la docencia en cualquiera de sus grados. Pero también, y en igual medida, vaya alto y claro mi desprecio total y frontal a aquellos otros que, con el único fin de encontrar un sustento y una seguridad económica (muy justificable en otros casos, pero no en este), y estando desposeídos de cualquier impulso o necesidad de enseñanza, ocupan un puesto en cualquier institución docente. Si el primero ha de ser una guía que ayude a moldear caracteres y personalidades que doten al alumno de herramientas sólidas y confiables para la vida, el segundo es un asesino de posibilidades y un torturador en diferido que coadyuva a la desfragmentación del tejido sapiente común y el fracaso social.

Que la escuela no educa…

Sobre la labor docente y la educación formal, igual que sobre la mayoría de los aspectos que estoy acercándote en estas páginas, hay centenas o millares de obras escritas.

Hacer un estudio de la educación formal sesudo y puntual no es labor de esta obra mínima así que, como llevas haciendo pacientemente desde que leíste aquello de «Que el mundo es una mierda…», permíteme que plantee solo algunas cuestiones que nos ayuden a entender cómo y por qué el mundo es como es.

La educación formal es, desde la más tierna infancia, nuestro modo de relación con una institución que nos acoge, en la mayoría de los casos, más horas de vigilia que nuestra propia casa. Muchísimas de nuestras primeras amistades se desarrollan entre esas cuatro paredes, en la guardería mientras aprendemos a colorear sin salirnos de las líneas o en el patio de recreo mientras nos arrastramos por la arena y somos presa fácil de las lombrices intestinales y los piojos. Es también en este momento cuando reconocemos y damos sentido a la primera personificación y representación de la autoridad que se nos impone «por sistema», carente de cualquier color familiar. Al maestro no se le ablandará el corazón al vernos llorar por rabia o por capricho, y si es necesario apartarnos de ese amigo con el que tanto hablamos, no dudará en hacerlo. La amenaza de visitar la dirección o llamar a nuestros padres a causa de nuestro mal comportamiento es en ese momento, sin duda, más aterradora que una condena a remar en galeras.

La influencia del factor humano en la educación formal es absolutamente determinante en nuestro posterior desarrollo personal, y es que no en vano pasamos cientos de horas por año calentando el pupitre de la escuela durante todo nuestro proceso formativo. Y aunque pensemos en nuestros compañeros de banca como una gran influencia educativa (a los que tenemos que incluir en el apartado de ámbito familiar y afectivo, no aquí), los personajes fundamentales de la educación formal son, sin duda alguna, nuestros maestros. Y para ilustrarnos un poco, algunos números nunca vienen mal.

Número de horas de instrucción anuales 2016 (OCDE)		
País	Primaria	Secundaria
España	787	1061
Francia	864	991
Grecia	783	785
Italia	891	990
Portugal	806	877
Alemania	683	866
Países Bajos	940	1000
Finlandia	632	844
Noruega	748	868
Suecia	754	754
México[10]	800	1167

[10] A partir del ciclo escolar 2016-2017 aumentaron las horas en primaria. El 42 por ciento de estas escuelas, que son llamadas regulares, trabajaban 4.5 horas, y se sumaron 30 minutos para llegar a cinco horas diarias, alcanzando así a las 800 horas que aparecen en el cuadro. Sin embargo, también existen en México escuelas llamadas de jornada ampliada, donde los alumnos pasan 1 200 horas al año, y otras denominadas de tiempo completo donde los alumnos pasan 1 600 horas estabulados. En México operan 24 250 escuelas de tiempo completo.

Número de horas de instrucción anuales 2016 (OCDE)		
País	Primaria	Secundaria
Inglaterra	861	912
Irlanda	915	935
Japón	762	895

Si miramos las cifras solo por encima, veremos que la escuela empata en número de horas educando a nuestros hijos con el número de horas que nosotros mismos pasamos con ellos, y eso que los fines de semana no hay clases y las vacaciones de la escuela ya las quisiéramos todos ahora. No es agradable verlo así, ¿verdad?

Es por ello que pensar que la escuela es un mero lugar de formación o instrucción es una tontería. Para adquirir conocimientos hay, quizá, otros modos más eficaces y sustanciosos de la mano de las nuevas tecnologías (y que ya trataré en breve), pero donde aprendemos a relacionarnos con el aprendizaje y la autoridad, a estudiar y sabernos partes de un sistema, a motivarnos por saber más y a respetar las diferencias, a ser mejores ciudadanos al fin y al cabo, es fundamentalmente en la escuela. Y son los docentes sobre los que recae esta responsabilidad.

Encender chispas en la cabeza

Hace ya algunos años un maestro, hijo de maestros de la vencida Segunda República española, me contó lo que sus padres le habían transmitido sobre cuáles eran los tres pilares básicos de la enseñanza. Cuando José María Pérez Orozco me narró esto, lo hizo como solo los buenos maestros saben hacer las cosas. Primero me preguntó si yo sabía de estos tres pilares básicos de la enseñanza; a mi negativa, me dijo que sus padres se lo habían dicho previamente y que, como un conocimiento arcano, él se proponía contármelo a mí, así que me conminó a prestar toda la atención posible, lo mismo que te pido a ti.

Los tres pilares fundamentales de la educación son en este orden. ¡Muy importante el orden! Nunca los mezcles, me dijo Josemari mientras alzaba un dedo:

1) El primero es el cariño, pues el maestro no puede ser maestro si no ama lo que hace.
2) El segundo es el cariño, pues el maestro no puede ser maestro si no ama lo que enseña.
3) Y el tercero y más importante, respetando siempre el orden, es el cariño, pues el maestro no puede ser maestro si no ama a quien enseña.

Es imposible pensar, después de escuchar estas palabras, en un maestro que no lo sea por absoluta vocación docente. Es tal la responsabilidad del maestro que el caso contrario, aquel que asume la docencia como una forma de subsistencia económica, es un traidor cómplice de no posibilitar un mejor futuro para la humanidad. Sé que la palabra *humanidad* siempre suena muy grandilocuente pero, en un mundo totalmente globalizado, el fracaso de un país es el fracaso de todos los demás.

La única posibilidad de futuro pasa por la juventud, la que ahora está siendo educada por familias con las que no comparten más de tres horas al día: la que está haciendo cambiar el mundo desde las redes sociales, vaya este hacia donde vaya; los que en el futuro también serán padres y tendrán que confiar en que la educación formal que reciban sus hijos les permitirá ser mejores personas, mejores ciudadanos. Ahí, justo entre todas estas oraciones engranadas, está el docente vocacional: el que es capaz de hacer saltar la chispa en la cabeza de sus alumnos para que puedan entender y responsabilizarse del papel que está por tocarles desempeñar en el mundo.

En Finlandia esto no sucede...

Créeme que no tenía la más mínima intención de hablar sobre la casta política en este libro, y te doy mi palabra de que en otro momento entraré más a fondo en este tema. Lamentablemente, y aunque jamás debería ser así, antes de dar el siguiente paso en el tema de la educación formal hay que detenerse unos instantes en cómo la política usa este espacio, que debería ser inviolable, como arma arrojadiza en mítines y campañas y, aún peor, como herramienta de sostenimiento y proselitismo de sus mal llamados ideales.

Que el conocimiento es poder es algo que todos sabemos y hemos repetido en alguna ocasión, pero decir que el desconocimiento o el dar por verdaderas cosas que no lo son también es poder, algo que quizá suene menos.

La historia es de los vencedores, es cierto, y esta ha sido una de las herramientas más comunes de todos los tiempos para favorecer al poderoso sobre el subyugado, haciéndole creer medias verdades, posverdades o mentiras puras y duras. En Egipto hacían borrar los nombres de la piedra de aquellos que resultaban molestos para que no se les recordara jamás. El carácter divino de reyes, faraones, emperadores o dictadores ha sido otra patraña que ha dado muy buenos réditos al poder. Sin embargo, lo más común ha sido cambiar descaradamente los acontecimientos históricos para mayor gloria y laudo de quien diestramente la ha manipulado. Así, no faltan ejemplos de batallas ganadas por ambos bandos, o derrotas causadas por una tormenta, o conquistas donde la divinidad intervino y más, o donde se perdió por un engaño imposible de dirimir (muy importante no quedar como tontos, sino como víctimas), y más ejemplos que seguro crees conocer, aunque seguramente, y sin saberlo, creas más manipulaciones que verdades. ¡La vida es así!

Por si esto no fuera bastante lastre —pues estas manipulaciones nos han hecho tener hoy en día ideas prejuiciosas sobre otras naciones, etnias o religiones que, como cualquier despropósito, nos pasarán factura más temprano que tarde—, también hay que destacar la intromisión de las políticas de Estado en la educación formal.

Llegados a este punto, no hay crítico o estudioso del tema que no saque a colación países como Finlandia o Corea del Sur, los cuales entendieron la necesidad de blindar las políticas educativas, de tal modo que gobierne quien lo haga no deje de aportar los fondos necesarios para el sostenimiento de la educación formal, y se comprometa a no tocar estas políticas en pro de mantener y aumentar su calidad. Hecho que al cabo de un tiempo ha mostrado lo muy acertado de este acuerdo de Estado por la educación.

Porque cuando las políticas educativas, con el cambio de legislaturas, son moldeadas con el fin de dar respuesta y relevancia a unos ideales (sean cuales sean, de izquierda o derecha), solo consiguen a corto plazo las críticas enfurecidas de los contrarios y a largo plazo la depauperación del tejido intelectual del país.

El proceso educativo, en cuanto a educación formal hablamos, no se da en cuatro u ocho años; es un proceso a 20 o 25 años. Y ningún político podría sacar rédito de esto por muy longeva que sea su carrera pública. La política educativa es una responsabilidad de Estado, no de mandato. Y si un Estado no se ve con las competencias necesarias para trazar un plan tan a largo plazo, en este caso no importa copiar o adaptar el modelo de aquel otro país que sí lo haya logrado, esto no es como copiar en un examen.

Claro, me dirás que también se da el caso de modelos de políticas educativas con más de 40 años que han dado resultados nefastos. Es cierto, y tampoco hay que obviarlo. Muchos son los países que han optado por un modelo de educación basado en un sistema público de mínimos y un sistema privado de máximos, donde la calidad va aparejada a cuánto seas capaz de pagar. En estos países, y creo que no hace falta que los nombre, lo que tendremos es una perpetuación de las diferencias sociales y, lamentablemente, estas diferencias sociales se harán más abismales en cuanto más avance el modelo de globalización económica. Si debemos copiar algún modelo de política educativa no copiemos estos, porque impiden que cualquier persona pueda mejorar socialmente por su esfuerzo, no permite que la mente realmente brillante explote su potencial y genera, evidentemente, un sentimiento de impotencia y resentimiento que, en poco tiempo, envenena a toda la sociedad. Esto lo sabrán muy bien todos aquellos que por desgracia vivan esta situación.

Mientras tanto, los docentes se encuentran en medio del juego político de siempre, en donde los intereses particulares de unos pocos se contraponen a los de una mayoría que, paradójicamente, los ha elegido para ser sus representantes. Los docentes raramente son consultados para adecuar y fijar las políticas educativas, porque es un fruto político y no educativo lo que se busca. Ellos, que han de ser los guías de nuestros hijos, son repudiados por el ente público, son desposeídos de toda autoridad y ninguneados, porque desprestigiar es una herramienta infalible para los propósitos de los que pretenden seguir engañando y que nadie les ponga un alto. Claro que esto en Finlandia no sucede…

El mundo lleno de rufianes

Dentro de toda esta maraña de reproches también cabe la posibilidad de cierta luz. Y aunque no sea la panacea a los problemas del mundo, como desde el principio hice ver de forma indirecta, la universidad debe jugar un papel vital en el enderezamiento de las cosas, si es que finalmente no la asfixia su propia realidad y dependencia. Porque, hay que aclararlo, estoy hablando de la universidad pública.

Es cierto que gran parte de los académicos vive de espaldas a la realidad social, pero pensar en los académicos como en el motor de la universidad, o cualquier otra institución educativa, es pensar en un coche pero no en el combustible que lo alimenta y hace girar las ruedas. Sin duda, los académicos son vitales, pues constituyen el músculo principal de la máquina; no obstante, necesitan de todo el sistema para hacer que la institución se mueva y avance.

De esta forma, es en la comunidad universitaria en su conjunto donde podría estar parte de la materia prima de un posible cambio, si es lo que estamos buscando. Sería esa sustancia primera enriquecida por la disciplina del conocimiento, ¡pero solo una parte, no te olvides! Y es obligación de la universidad, como lugar de encuentro para todos los que a ella se acerquen, resaltar y potenciar los diferentes aspectos que nos hagan mejores ciudadanos, mejores personas. Pasión, espíritu crítico, perseverancia, solidaridad, igualdad, compromiso, amistad, afán por el saber, equidad de género, laicidad, respeto, pensamiento autónomo, libertad de expresión, honestidad: principios-virtudes-valores en constante regeneración que al fin y al cabo deben vertebrar el *leitmotiv* de esta institución. Sin embargo, como ya intuimos, por muchos conceptos elevados y grandilocuentes que escriba, no todo lo que reluce es oro. No idealicemos las cosas que de rufianes está lleno el mundo y también, cómo no, los pasillos de las facultades y oficinas universitarias.

Un universitario no solo debe aspirar a ser un buen profesional, aunque dadas las cosas es algo completamente legítimo. El ideal del universitario debería consistir en llegar a ser un ciudadano consciente de su responsabilidad con él mismo y con la sociedad de la que forma parte. Un ciudadano privilegiado por su esfuerzo, que ha conseguido situarse más cerca que nadie de las certezas y realidades del mundo, y que transita un camino que no debe hacerse por inercia ni en soledad. Pero todo esto no deja de ser un cúmulo de buenas intenciones si no entendemos que la sociedad debe ser un cuerpo permeable y no estanco, no facetado en clases y castas, porque de lo contrario no hacemos más que crear otra casta, otra clase más que no comparte el mundo con los demás, que no mira más que a su propio ombligo y no es capaz de entender lo que de universal lleva implícito la palabra *universidad*.

Somos muy animales

En teoría, la educación superior debería brindar la posibilidad de la construcción de herramientas que se materialicen en las manos de sus miembros como útiles, no solo para ahondar en el conocimiento, sino también para el descubrimiento de su papel como agente social. Y debería ser también el espacio dónde encontrarse y desarrollarse junto a muy distintas sensibilidades, no exclusivamente académicas. Pero no olvidemos que el ejercicio intelectual de ser universitario conlleva mucho más que un mero almacenamiento de datos, cifras y modos de calcular. La juventud es la promesa de la madurez, pero la madurez no es un estado obligatorio en las edades del hombre. ¿O acaso no conocemos suficientes ejemplos de adultos infantilizados?

El problema de ser tan humanos es que también somos muy animales. Así que, aunque la institución en sí sea el marco adecuado para el desarrollo de una fuerza que permita el cambio social, también es cierto que lleva casi igual cientos de años, y no por ello las sociedades han sido mejores o peores. Las universidades están llenas de personas, las mismas con las que nos cruzamos por la calle, las que también nos empujan en el metro o se cuelan en la cola de la frutería para comprar nabos antes que nosotros. Es como la paradoja del conductor que maldice a los peatones que se cruzan en su camino y que, una vez estacionado su coche, maldice a los conductores que no lo dejan llegar, como él quisiera, a su destino.

Ser universitario debería ser también una travesía hacia el autoconocimiento y la madurez, hacia el desarrollo de un pensamiento crítico y una formación integral. Hacia el descubrimiento final de este ensayo: que no estamos solos, que no somos tan diferentes como nos creemos, que nos necesitamos los unos a los otros y estamos «programados» para progresar apoyados en la confianza mutua y la asunción de nuestras responsabilidades. Y esto no es un ejercicio baladí que se solucione en unas simples letras de molde negras en un cartel que se pegue en cualquier esquina o tablón de corcho, o en un librito, o un programa de radio nocturno. Reconocerse y evolucionar es un errar con mesura, un corregir con conciencia y un reconocer con humildad. Y que nadie piense que como no es universitario está libre de tener que rectificar y aprender de sus errores, ¡no quieras ser tan listo! Reconocer que no se es mejor que el vecino o entender que, en cierta manera, uno debe echarse a un lado para que otro lo adelante, sin duda ayudaría a desarrollar un auténtico pensamiento crítico y nos haría mejores a todos, universitarios o no. Pero no seas obtuso, no confundas el pensamiento crítico con el acto de criticar sin más: eso lo haces en la verdulería y es una forma maravillosa de perder estúpidamente la confianza en los demás y la de los demás en ti mismo. Tendremos que seguir ahondando en esto.

Sin antídoto para la estupidez

A lo mejor alguno está a punto de cerrar este pequeño librito o prenderle fuego, y yo, como buen masoquista que ha evidenciado la inutilidad del prurito académico filosófico en las primeras páginas, voy y titulo esta sección de una forma tan rancia. Lo siento, pero la cabra siempre tira al monte.

Sirvan entonces estas letras para recordarles el horror a aquellos que sufrieron en carne propia el tener que estudiar filosofía en algún estadio de su educación formal. Para los que no sea el caso, podrán saborear las mieles de la inconsistencia del pensamiento occidental, fundamento de las cuatro ideas que todavía tenemos implantadas a fuego en nuestro cerebro.

A los alumnos de bachillerato se les recibe siempre con la primera lección de filosofía titulada «El paso del *mythos* al *logos*». Con esta lección, los profesores intentan demostrar a sus alumnos que, en determinado momento histórico de la Grecia clásica, un grupo de protofilósofos marcó una línea clara y distinta en el pensamiento humano. El ser humano abandonó la explicación mágico-mítica del mundo para, en su contra, utilizar la razón: el logos, mismo que permitió ordenar, clasificar, avanzar en el conocimiento de las cosas y llevar al hombre a la Luna hace casi 50 años.

Lamentablemente, pareciera que 3 000 años después el tan afamado paso del *mythos* al *logos* de la época clásica no ha terminado de cristalizar, y hoy, cuando el acceso a la información se ha universalizado, estamos menos dispuestos que nunca en nuestra corta historia a separar el grano de la paja. Y sigue siendo hoy la universidad, como antaño la academia platónica, el ágora o el foro, el lugar donde ejercitar nuestro intelecto y nuestro carácter hacia esa promesa de futuro que es la madurez, la templanza de carácter que nos permita afrontar nuestras «circunstancias» con determinación y provecho. El universitario debería ser crítico por definición y autónomo por constitución. Debería huir del pensamiento único y cómodo que enajena a las personas en una suerte de modas y supercherías oscurantistas que, finalmente, alienan al sujeto y, aunque lo hacen creer omnisapiente, en realidad no es más que una marioneta dúctil y maleable al servicio de quien lo precise. Pero claro, el universitario no consigue estos superpoderes en cuanto es aceptado en la institución, no es iluminado por el rayo de la verdad ni ascendido al Olimpo de los pensadores críticos por acarrear libros de un lado a otro o asistir a fiestas de la primavera o ceremonias de egreso. La universidad brinda, ofrece, pero no transmuta, no transforma y no cambia al que sigue creyendo que por ser él, es mejor que todos los demás y además no los necesita. La universidad, lamentablemente, no es ningún antídoto contra la estupidez.

El *logos* con hielo, ¡por favor!

Y como la universidad no es más que el reflejo de la sociedad de la que se nutre, siempre me gusta en mis conferencias y charlas, como quizá ya sepas, preguntar, meter los dedos y saber cómo respiran los universitarios… y es desolador. Porque esperar que por el simple hecho de ser universitarios estos sean radicalmente diferentes de sus padres, es como esperar que por nacer con músculos abdominales, y pasar diariamente ante la puerta del gimnasio de la esquina todos los días, tuviéramos ya, de facto, el vientre pétreo, la tableta de chocolate, de Jason Statham.

Si te pregunto a ti, seas universitario o no, cuál es el factor RH de tu grupo sanguíneo, hay muchas posibilidades de que no lo sepas, quizá 75 por ciento tirando por lo bajo. Esto no es malo, siempre y cuando no estés pensando en concebir un hijo o no precises una transfusión de sangre urgente. De todas formas no te preocupes, seguramente sabes tu grupo sanguíneo y sabes si es positivo o negativo: este factor, el positivo o negativo, es tu factor RH. Quizá ahora estés suspirando aliviado, pero por si aún no lo sabes no está de más que lo sepas, por aquello de las dudas y la curiosidad.

Pero si te pregunto cuál es tu signo zodiacal, tu horóscopo, hay 99.99 por ciento de probabilidades de que ya lo hayas dicho, incluso en voz alta, porque claro, te pudo molestar la pregunta por el RH y tienes que demostrarte a ti mismo que no eres un ignorante, que eres muy listo.

Así que como eres tan listo sabrás que, cuando hablamos de los horóscopos, hablamos de un arte adivinatorio que se remonta a Mesopotamia, hace casi 5 000 años, y que asegura que dependiendo de tu fecha de nacimiento (ahora también incluyen la hora y el lugar del mismo por aquello del «rigor científico») y la situación del Sol ese día con respecto de grupos arbitrarios de astros a los que damos formas azarosas y llamamos las *constelaciones del zodiaco*, se puede predecir tu futuro o dictaminar cuál es tu carácter, o tu color favorito... Esto es muy útil para saber tu compatibilidad con una futura pareja, para saber qué esperar de la vida o simplemente para parecer más inteligente y sofisticado por ojear un periódico; si has bajado una aplicación para el celular, reconócelo, eres muy miserable. Y si acabas de tener un accidente de coche y un pedazo de metal te seccionó la femoral, y se te escapa la vida a chorros por la ingle, y el paramédico te pregunta tu grupo sanguíneo y tu RH, será de gran utilidad que le digas que eres virgo.

Claro que lo que quizá no sepas es que, a pesar de que los periódicos se empeñen en que los signos zodiacales ocupen, o duren, 30 días aproximadamente cada uno, en realidad Virgo dura 45 y Leo 37 y otros, lógicamente, ni una quincena de días. Esto es sencillo y lo puedes comprobar tú mismo: las agrupaciones de estrellas a las que llamamos *casas* o *constelaciones zodiacales* son de diferentes tamaños y lógicamente el Sol, a nuestros ojos desde la Tierra, tardará más en transitar por unas que por otras.

Ahora mismo, porque te conozco, estarás pensando: «Bueno, con un poco de suerte seguiré siendo escorpio, no tendré tan mala suerte de ser otro y no haberlo sabido hasta ahora». Pero si naciste del 30 de noviembre al 17 de diciembre siento decirte que eres ofiuco, porque si te da por ver las constelaciones del horóscopo con tus propios ojos mirando al cielo durante un año completo verás que no son 12 constelaciones: este número fue otro invento azaroso porque seguramente era mejor que poner 13 o 14 para el sabio de la época que tuvo que catalogarlo y dejarlo por escrito, y los que siguieron, como Ptolomeo, tampoco se empeñaron en cambiarlo porque total para qué, ¿qué persona con dos dedos de frente se tomaría todo esto en serio?

La cosa se puede enredar mucho más si tenemos en cuenta que, además, la Tierra no rota exactamente igual nunca, y el eje de rotación va cambiando de tal manera que la perspectiva desde la que vemos estas constelaciones también cambia, se atrasa. Claro que esto te sorprende porque hasta la fecha te sentías feliz por saber que la Tierra tenía solo dos movimientos: rotación y traslación. Pero son más, como el de nutación, y en este caso es el movimiento de precesión el que nos interesa. Pero claro, hace 5 000 años la Tierra era el centro del universo y permanecía inmóvil. Desde que se inventaron los horóscopos casi se han atrasado dos signos todos los horóscopos; así, pues, ya no tienes ni la más mínima idea del signo zodiacal al que perteneces por nacimiento y llevas toda la vida leyendo el de tu vecino, tu hermano o, peor aún, el de tu suegra, creyendo que era el tuyo. Pero no te preocupes porque, al fin y al cabo, en todos se consignan más o menos las mismas estupideces y generalidades, y tú en el fondo nunca has creído en ellos, ¿verdad? Porque eres muy listo y sabes qué maldita influencia pueden ejercer las estrellas que están a miles y millones de años luz de la Tierra sobre tu carácter o tu futuro. Además todos sabemos que solo hay dos astros, o cuerpos celestes, que afectan e influyen directamente sobre el ser humano, ¿no es cierto?

¡El Sol y la Luna!, habrás repetido para ti mismo, porque quizá ya no te atreves a decirlo en voz alta. Todos sabemos cómo nos influyen estos dos astros, ¿o no? Pero yo te he preguntado por dos, y hasta donde yo sé el planeta Tierra también es un astro celeste, y vives en la Tierra y no en la Luna. ¿Cómo podemos ser tan simples, tan iguales, tan ignorantes, tan fácilmente manipulables? La Tierra es, junto con el Sol, el astro que nos permite la vida: una nos sujeta al suelo y nos permite respirar, el otro nos calienta, posibilita las condiciones de vida aquí, nos ayuda a sintetizar algunas vitaminas esenciales para nuestro buen funcionamiento bioquímico y, para los más presumidos, les brinda la posibilidad de disfrutar de unos increíbles cánceres de piel. ¿La Luna? Ahora me dirás que cuando hay Luna llena nacen más niños, o que el ciclo lunar tiene la misma duración que el menstrual, o que las consultas en urgencias aumentan porque la gente se vuelve más violenta con la Luna llena…Y yo te podría hablar de hombres lobo, elfos que regresan a las tierras grises, brujas y encantamientos y otras cosas que, finalmente, tienen el mismo fundamento literario o supersticioso, no científico, como todos los argumentos sin fundamento que me estás dando.

Entonces me hablarás de las mareas y tienes toda la razón, la fuerza de la gravedad de la Luna, unida al efecto de inercia de la rotación de la Tierra, hace que las grandes masas de agua móviles de la Tierra tiendan a intentar escapar de la atracción gravitacional de la misma. ¡Muy bien! «Grandes masas de agua móviles de la Tierra». Perdona que te lo recuerde pero, por mucha agua que componga tu cuerpo, no creo que peses menos cuando estés en la vertical con respecto a la Luna, ¿o sí?

El ataque de los reptilianos

El amigo Descartes, padre de la «duda metódica» que intentó encontrar verdades solo con el uso de la razón y la evidencia, nos recuerda que «dos cosas contribuyen a avanzar: ir más deprisa que los otros o ir por el buen camino». El aceptar sin crítica, por la pura fuerza de la costumbre —aunque creamos que es porque somos lo suficientemente listos como para darnos cuenta de que lo que queremos creer es verdad—, los enunciados que nos llegan de no se sabe dónde ni cómo, puede parecer que nos ayuda a avanzar. Es más fácil creer que el espíritu de la abuela vive entre nosotros que aceptar que murió y que tan solo nos queda su recuerdo. Y así suma y sigue en un sinfín de temas que se desperezan por el pudridero colectivo de aquellos que ya estamos avisados y observamos con mirada crítica desde el escepticismo. Pero a ojos de los demás, sin duda, es una forma de avanzar, de «entender, comprender y aceptar» sin demasiado esfuerzo un mundo que requiere investigación, dedicación y una alta capacidad de tolerancia a la frustración para poder ser entendido, aunque quizá nunca se logre en su totalidad.

A veces, demasiadas veces, el único argumento para defender las creencias es algo tan absurdo como la antigüedad de las mismas, como defender la acupuntura porque es un «arte de sanación milenaria», o las artes adivinatorias, o el horóscopo como ya vimos... pero también es milenaria la esclavitud y no por eso debemos defenderla, ¿cierto?

Otras veces se juega al despiste pseudocientífico, se habla de fuerzas, energías, canales energéticos que circundan nuestro cuerpo, o nuestras casas, o al perro de la vecina que ladra tanto. ¿Pero de qué se está hablando? El animal humano tiene conocimientos suficientes para poner nombres a esas energías si existieran, para rastrearlas, para entrar en un «chacra», instalarle una conexión USB y así poder recargar nuestro teléfono celular; si no tienes ni idea de física no repitas como un papagayo todas esas estupideces sobre las energías...

Y más lamentable aún es cuando vemos con estupor que no solo los medios de comunicación nos bombardean con estas cargas de profundidad a la línea de flotación, sino que hasta en las mismas universidades este pensamiento supersticioso, oscuro y proselitista se está instalando. Entonces parece ya imposible negar su veracidad, porque se apoya en una institución que, por defecto ante los ojos del mundo, las avala y legitima. Claro que, como decía pocos párrafos atrás, las universidades deberían responder a unos ideales, pero no siempre es así, y las personas que las componen tampoco responden a los mismos nobles ideales.

Y esto es un cuento de nunca acabar, porque en este «todo vale» de ideas demenciales y absolutamente interesadas en el expolio de los proselitistas creyentes, todas las pirámides del mundo, por ejemplo, están relacionadas entre sí, las levantaron extintas civilizaciones alienígenas ancestrales e incluso las montañas con forma «casi» piramidal son susceptibles de la acción extraterrestre, y además estos amigos de cabezas de pepino y ojos sin párpados fundaron la masonería, y dejaron a sus congéneres espaciales reptilianos al mando de los *iluminatis*, que son los que acabaron con las Torres Gemelas el 11S y nos están fumigando con aviones comerciales para cambiar el clima y envenenarnos, por eso hay que ser veganos y de ser posible cultivar nuestra propia comida, pero no debemos comprar semillas a Monsanto, porque también son reptilianos y masones e *iluminatis* y seguramente mataron a Kennedy… ¿Dije Kennedy? Pues también a él, pero quería decir Kenny, el de South Park…

Situados en la comodidad del pensamiento único, acrítico y débil, el crédulo se lo traga todo, lo acepta todo, no duda, el cosmos conspira contra él y solo él y su grupo de iluminados lo saben. La idiotez llega a tal extremo que ya conocemos los fatídicos primeros casos de niños muertos a causa de que sus padres no quisieron que fueran vacunados, porque claro, las vacunas son malas, y son malas porque las hacen empresas farmacéuticas internacionales que solo quieren enriquecerse a costa de la salud de nuestros seres queridos, ¡igual que la maldita homeopatía! Pero claro, la homeopatía tiene la etiqueta de alternativo, y como no tiene efectos secundarios es genial; pues aprende que, si no tiene efectos secundarios, tampoco los tiene primarios, que es un timo y no salvará jamás la vida a nadie. Y volviendo a las vacunas, hay que darse cuenta de que si en la mayoría de los casos de niños no vacunados no han desarrollado enfermedades contra las que habrían de haber sido vacunados, no es porque estas no existan, es porque sus compañeros y amigos sí están vacunados y la inmunidad del grupo los protege, pero cuanto más prolifere esta estúpida moda, más peligro correrán estos niños que deben penar con la insensatez de sus padres.

Ir más deprisa, recordando nuevamente a Descartes, nos hace creer que avanzamos: ir por el buen camino nos obliga a dudar siempre de que ese sea realmente el buen camino, a replantearnos nuestra posibilidad de error, a investigar, a mantenernos siempre alerta y en constante aprendizaje. Y esta mayéutica, este arte de alumbrar el pensamiento autónomo y crítico debería ser parte del motor que impulse a la humanidad, no la creencia vacía, justificada por la tradición, por ideas milenarias o por gurúes de pantomima; esta es una forma de manipulación atroz y vergonzosa, que además abre injustificadamente el camino a todo tipo de descalabros. Esto de la educación se vuelve cada vez algo más complejo, ¿verdad? Y eso que no vamos a hablar de religión.

Venn y su bendito esquema

Lo importante de la representación que hace un rato te mostré en el esquema de Venn, ¡que no se te vaya!, es que cada esfera está relacionada con las otras dos. Esto significa que nada se da de forma independiente y hermética. Si hablamos del ámbito familiar, veremos que este se relaciona con los otros dos, por la sencilla razón de que los padres tienen participación en la educación formal de sus hijos: son los que la facilitan llevando al hijo a la escuela, eligiéndola o pagándola, se reúnen con los maestros, ayudan en las tareas de sus hijos, y también ellos fueron a la escuela, la universidad, etc. Y, ¿cómo no?, también están presentes, y viceversa, en la esfera de «Presión social y medios de comunicación». Son parte de la sociedad y están influidos por sus tendencias modales y políticas, y consumen y participan de los medios de información y de las nuevas tecnologías de la comunicación. Si cualquiera de las esferas mengua o se dilata, afectará inmediatamente a las demás; es un equilibrio siempre desbalanceado, no como el que te presento en el esquema, que es solamente para que te hagas una idea de por dónde va la cosa. No sé realmente cuál sería la proporción adecuada de cada una de las mismas y creo que incluso el plantearlo puede ser un error. Sea como sea, creo que debemos seguir adelante.

Alguno estará dudoso ante la última esfera. Es cierto que el término *presión social* no suele ser muy utilizado así de manera tan intensa; lo normal sería hablar del ámbito de «lo social» y después comenzar a adjetivarlo, pero nunca antes de que hubiéramos hablado de las bondades de la sociedad y de cómo todo está inmerso en ella y bla, bla... Pero ya hemos visto que, tal como deberíamos entender, la sociedad no es lo que en realidad es. Vivimos en una sociedad fracasada en la que a duras penas tenemos lugar como espectadores o consumidores, si bien nos va, porque nadie conoce a nadie y cada cual lucha para salvar lo poco que tiene dándole un valor estratosférico y muy por encima de lo que, por supuesto, pudiera tener el vecino. Así pues —y viendo que en la mayoría de los casos nuestra interacción con la sociedad se basa en los esfuerzos que hacemos por estar a la altura de lo que se espera de nosotros, pasando por encima de quien tengamos que pasar, y lo más rápido e inmediatamente posible—, con tu permiso me he saltado ese paso de hablar de las supuestas bondades, por lo que, directamente, prefiero hablar de la presión social y los medios de comunicación, aunque ya habría que hablar de los «medios de información y las tecnologías de la comunicación». Esto cada vez se enreda más.

Netflix nos flechó

¿Pero cómo evitar las prisas, cómo no caer en el deseo y en el anhelo de la inmediatez? Si algo nos ha traído el avance tecnológico de los últimos 120 años es la posibilidad de saciar nuestro deseo de correr más, de conseguir lo que necesitamos aquí y ahora.

Si pensamos que los aventureros que cruzaron el Atlántico en busca de nuevas tierras al oeste disfrutaban y se complacían en tener la oportunidad de viajar durante dos meses por un mar desconocido, estamos pecando de ingenuos. Si Colón, Magallanes o cualquier otro hubiera tenido la oportunidad de montarse en un avión y en menos de 12 horas cruzar el charco, te aseguro que lo habría hecho sin vacilar. Pero las cosas son como son y se han ido dando de tal manera que, año tras año, década tras década, desde inicios del siglo XX, los avances científicos y tecnológicos han ido creciendo exponencialmente, de tal manera que hoy, a mediados de la segunda década del siglo XXI, pocos son los que se atreven a predecir de qué adelantos disfrutaremos en 30 o 40 años más. Sea como sea, lo que es seguro es que lo querremos todo aún mucho más rápido, casi de inmediato.

Si todavía no lo ves, o no te queda claro, pensemos en el cine. Si a principio del siglo XX querías ver una película, no tenías más remedio que buscar una ciudad donde hubiera una carpa de proyección. Pagabas, entrabas, te sentabas en una silla incómoda, exhibían una proyección de escasos minutos, muda y de pésima calidad, y te ibas a casa contento de haber visto a unos obreros salir de una fábrica o un tren entrando en una estación acercándose a ti. Pocos años después ya no tendrías que viajar en busca de una carpa de proyección; seguramente en tu ciudad ya habrían habilitado un viejo teatro o algo similar donde, un poco mejor sentado, podrías disfrutar de una obra genial de Chaplin apretando tornillos, o haciendo bailar unos panecillos acompañado por un piano tocado con vehemencia, o sufrir alguna pretenciosa obra épica larguísima, para gustos...

Ya en los años treinta, si tu cine preferido era de vanguardia, podías escuchar a los actores aún en blanco y negro; el número de ciudades pequeñas con salas de cine aumentó a toda mecha, como si de una epidemia por devorar celuloide se tratara.

En 1939, mientras España se desangraba en los estertores de la Guerra Civil, en Estados Unidos se estrenaba la película *Lo que el viento se llevó:*[11] una obra de casi cuatro horas de duración en absoluto color y con una banda sonora que rivaliza con cualquier otra clásica, toda una orgía para los sentidos. Dos años antes, más o mes menos, llegan las primeras transmisiones de televisión en Francia y Reino Unido.

En 1950 la empresa RCA comienza la comercialización de una televisión a color que marcaría el estándar tecnológico para las siguientes décadas, así que ya no había que ir al cine si uno no quería. Era cuestión de esperar a que pasaran la película por televisión.

Desde 1956 se empezaron a desarrollar sistemas de grabación de video en cinta magnética, pero no fue sino hasta 1972 cuando Philips lanzó al mercado un grabador doméstico de video con el que se podía grabar ese programa o película que tanto nos gustaba y así, desde nuestra casa y cuando nos diera la gana, podríamos volverla a ver. Claro que solo podíamos ver la película grabada, y sin duda era una frustración no ver la que en ese momento nos diera la gana; además, cuanto más la veíamos más se estropeaba la cinta.

Sin embargo, a mediados de la década de los setenta aparece un nuevo negocio: el videoclub. Así que, por unas cuantas monedas y un paseo de tu casa a este nuevo negocio —que ya en la década de los ochenta te lo encontrabas en cualquier esquina—, podías ver la película que quisieras durante unos cuantos días cómodamente sentado en casa. En 1995 aparece el DVD, y si se suma a esto la proliferación de ordenadores personales con capacidad de grabación, las filmotecas privadas comenzaron a aumentar vertiginosamente. Porque qué mejor que tener la película a mano y verla tantas y cuantas veces quiera y cuando me dé la gana.

Así, dos años después de la estandarización del DVD, se fundó en California la empresa Netflix, la cual te los enviaba por correo. No obstante, con la optimización de las conexiones de internet el mercado principal de esta empresa (y de todas las imitadoras que salieron poco después), llegó la visualización del servicio vía *streaming*, ya fuese

---

[11] V. Fleming (director), D. O. Selznick (productor), *Lo que el viento se llevó* (1939), Estados Unidos: Selznick International Pictures.

para consumirlo en casa con toda la familia, en la computadora del trabajo o en el teléfono inteligente mientras vamos en metro a cualquier lugar. Hoy en día Netflix —un negocio en expansión que aún no puede ser disfrutado en continentes como el africano o el asiático— ya tiene casi 117 millones de clientes y subiendo.

Ya puedes ver y aprender lo que quieras, como quieras, aquí y ahora. Y no solo hablo de cine o programas de televisión, sino también de prensa escrita, radio, fotografías, redes sociales, comunicación interpersonal nacional o internacional. ¿No te has fijado que el concepto *nacional*, cuando hablamos de tecnologías de la comunicación, carece de sentido? Y es que todo se está adaptando a esta nueva realidad.

La prensa en papel tiene los días contados y solo la consumen aquellos que esperan verse encumbrados o criticados en ella. La radio ya dio el paso hacia el mundo virtual ofreciendo programas a la carta y la posibilidad de ser escuchada en cualquier rincón del mundo, independientemente de la frecuencia de su emisión. La televisión seguirá durante muchos años más como el electrodoméstico que robó su lugar al fuego en el centro de todas las casas, pero tiene los mismos días de vigencia, tal cual la hemos conocido, como días de vida les quedan a nuestros abuelos.

Nuestros hijos jamás volverán a comentar en la escuela el programa que todos vieron, cada uno desde su casa la noche anterior, en la televisión. Eso ya es pasado. La televisión, como electrodoméstico, tiene un gran futuro por delante, pero como concepto comunicativo, como monopolio empresarial de la información y la diversión, solo encontrará como refugio a las clases más deprimidas de los países en vías de desarrollo, que no es poco. A esto es a lo que algunos llaman el siguiente paso de la «brecha tecnológica» que separa el Primer Mundo del Tercero.

Todas estas herramientas de la inmediatez son increíbles y maravillosas y despiertan en nosotros la confianza en un futuro halagüeño, donde el animal humano formará nuevamente un clan, pero esta vez de dimensiones planetarias. Y aun lo sería más si hubiéramos tenido el tiempo necesario para asimilarlas convenientemente, no como los

patos que son engordados artificialmente para después untar su híga-
do graso sobre el pan caliente de los más afortunados y que, como bien
de uso y desecho, jamás podrán saborear el pienso con el que los ceban.

«Quiero a mi batidora»

Te imaginas llegar a tu casa y antes de sentarte en el sofá encender la
batidora. Imagínate dejarla encendida todo el tiempo. Te sientas a comer delante de ella, mientras giran y giran las aspas dentro del vaso de
vidrio templado. Te arrellanas en el sofá a descansar, pero te pones la
batidora encendida sobre las rodillas. Te vas a la cama y mientras la batidora sigue que sigue con su ruido infernal sobre la cómoda a los pies
de la cama. Y te duermes, y al despertar la vuelves a encender y vuelta a
empezar... Nadie en su sano juicio lo haría, es de tontos, la batidora está
para un determinado uso, todos lo sabemos. La enciendes, la usas y la
apagas. Lo repetiré: la enciendes, la usas y la apagas. ¿Lo vas captando?[12]

Un par de años antes de que escribiera este artículo —donde se
incluía esta analogía de la batidora con una televisión, ya que ambos
han de ser entendidos como electrodomésticos— salió al mercado el
primer dispositivo telefónico de Apple, el iPhone. Y porque los avances de la tecnología van por delante de quien la analiza y busca sus
dobleces, no pude imaginarme entonces la fuerza con la que estos
dispositivos entrarían a formar parte de nuestras manos, bolsillos y
bolsos y vidas, y cómo estarían presentes desde la mañana, al despertar atontados en nuestras camas, hasta por la noche al volver cansa-
dos al mismo sitio en el que despertamos horas antes. Yo no lo pude
imaginar, es cierto, pero otros muchos sí, y se forraron.

Si buscamos un ejemplo de mayor dependencia a la inmediatez
no lo vamos a encontrar mejor. Tener todo el poder de una computadora de última generación y el acceso a internet en un dispositivo

[12] «Quiero a mi batidora», *El Periódico de Utrera*, Grupo Vocento, octubre de 2009.

que cabe en la palma de nuestra mano da la falsa sensación de tener el mundo a tus pies. Falsa porque, evidentemente, ni todo el mundo está al alcance de nada ni de nadie, y porque simplemente no tenemos, como ya he dicho y me queda por decir hasta la saciedad, el suficiente juicio crítico y pensamiento autónomo para separar el grano de la paja, para dejar de ser meros espectadores pasivos y convertirnos en sujetos agentes que interactúan, en su propio beneficio, con estas herramientas tecnológicas.

El resultado fatídico de no haber tenido la oportunidad de repensar, entender e interiorizar el giro dramático de nuestro tiempo en relación con el uso de estas nuevas tecnologías está provocando el afloramiento de una falta absoluta de tolerancia a la frustración. Por un lado, frustración por no poder acceder al uso de estas tecnologías por cuestiones económicas y la consecuente presión social que se ejerce sobre nosotros por no estar inmersos de pleno derecho en ella, y frustración por el choque entre el mundo virtual instantáneo y el real que, como todo, precisa de tiempo y formas para darse. Podremos, si somos los afortunados dueños de un teléfono de última generación y tenemos también el dinero para mantenerlo, comunicarnos con nuestra cibernovia o comprar un vuelo a Roma para conocerla, pero en el mundo real convencer a tu madre para que confíe en ti y te dé permiso para viajar a Roma y conocer a tu cibernovia cuando tienes 13 años requiere otros tiempos, y claro, es muy frustrante.

Esto es obvio cuando ocurre una desgracia de cualquier tipo —un terremoto en algún lugar remoto del planeta con miles de víctimas, o un éxodo de refugiados de un país en guerra a otro, por ejemplo— y alguien hace un llamamiento en redes solicitando la solidaridad de los internautas. Inmediatamente, millones de pulgares alzados inundarán la red y miles de personas se solidarizarán con esa buena causa y reportearán y harán difusión, pero ya está, esto no durará más que unos minutos, o un par de días en el mejor de los casos. No destinarán dinero, no irán a ayudar a desescombrar, no abrirán sus casas a los refugiados; estas labores recaerán, como siempre, en las ONG, en personas realmente responsables y que no precisan de las redes para actuar o mostrar lo «sensibles» que son, así como en los gobiernos de turno, bien por solidaridad humana o por intereses políticos obscenos.

Hasta la vista, baby

Hemos cumplido ya algunos años y básicamente seguimos siendo iguales. Muchos son los antropólogos, los médicos, los sociólogos que esperan ver el siguiente paso evolutivo, «el nuevo hombre». Es mejor que esperen sentados. Los cambios más representativos en nuestra biología, si es que los podemos considerar así, han ido de la mano de la tecnología, de nuestra propia mano.

Hacia finales del siglo XIII aparecieron los primeros lentes para mejorar la visión de las personas con problemas en la vista. Ya en 1438 se funda en Nuremberg el primer gremio de maestros fabricantes de lentes. Gracias a este desarrollo de la tecnología óptica, desde entonces muchos de los miopes que estábamos condenados a la ceguera por progresión, o a morir sin descendencia (un ciego no era el mejor de los partidos en una época donde el trabajo manual era el más común), pudimos casarnos y traer al mundo hijos potencialmente miopes, que a su vez tendrán más hijos miopes.

Y de la mano de la tecnología, de nuestro propio desarrollo cultural aplicado a diferentes disciplinas, es posible que venga el siguiente salto evolutivo, o un nuevo *Homo* que cómodamente nos vaya barriendo hacia un lado. O, ¿por qué no? Una inteligencia artificial creada por nosotros mismos y que nos diga «hasta la vista, *baby*» con acento austriaco.

Pero el aquí y ahora es internet, el invento que ha definido el cambio de siglo y que ha traído consigo la posibilidad de tener el mundo a un chasquido de dedos.

Si algo compartimos alegremente hoy en día son las redes sociales y los canales que usamos para nuestro ocio, para comunicarnos y para estar informados. No podemos obviar que vivimos en un mundo intercomunicado y globalizado, donde la teoría de los «seis grados de separación» del escritor húngaro Frigyes Karinthy —la cual data de la década de 1930 y dice que puedes relacionarte con cualquier persona del mundo tan solo estableciendo nexos con otras seis personas previas— se ha reducido cuando mucho a dos grados de separación a golpe de Facebook, Twitter, Instagram y las que quedan por venir. Pero debiéramos ser críticos en todos los aspectos de nuestro desenvolvimiento en el mundo; tenemos la obligación de ser coherentes y cuestionarnos todo tipo de cosas a este respecto.

¿Estamos realmente preparados para este salto tecnológico? ¿Cuáles podrían ser los intereses de terceros en el uso que hacemos de las tecnologías de la comunicación? ¿Cómo debemos usarlas para que realmente nos presten un servicio a nosotros y no al revés, como pudiera parecer que está siendo la tónica para los millones de usuarios que actualmente usan Facebook o los millones que diariamente son «infoxicados» por medios de comunicación al servicio de intereses particulares?

Quizá no podremos cambiar esta realidad, pero sí acotarla hasta donde nuestros sesos lo permitan, y exprimir de las medias verdades que nos bombardean aquello que realmente sea de nuestro interés.

Claro que para ello tendremos que hacer un poco de historia, investigar, cotejar y seleccionar la información que realmente nos pueda ser de utilidad. No te agobies, ya lo hice por ti.

Simples Homo sapiens sapiens[13]

Internet nació de la necesidad de comunicación entre computadoras para ahorrar costos de duplicidad de equipos en el ámbito de la

[13] En diciembre de 2013 hice mi primer acercamiento escrito a las redes sociales, y en especial a Facebook, publicando un artículo titulado *Cómo funciona Facebook o cómo las ovejas seguimos siendo ovejas* en el número 40-41 de la revista universitaria *Cultura Urbana* de la Universidad Autónoma de la Ciudad de México, del que se desprenden los próximos capítulos que leerás, aunque el giro de los mismos tiene su propia finalidad aquí y ahora.

investigación informática profesional, en un principio, entre determinados colectivos separados geográficamente. De aquí dio el salto inmediatamente al ámbito de la comunicación personal y lúdica, de la mano del desarrollo de más y más tecnologías *online* que fueron enriqueciendo y aumentando el grueso del mundo digital. Paradójicamente, el uso de los primeros correos electrónicos ya se había desarrollado en 1961, aunque la «@» no se empezó a utilizar sino hasta 1971.

Pero el animal humano no evoluciona con la rapidez que lo hace el mundo virtual, ya lo hemos visto. Tenemos la misma estructura y composición biológica y cerebral desde que nos merecimos el nombre de *Homo sapiens sapiens*. Básicamente somos hombres de las cavernas con ordenadores y teléfonos inteligentes de última generación; pero trogloditas al fin y al cabo.

Y como hombres primitivos que somos, seguimos rigiendo nuestra conducta, sin ser conscientes de ello en la mayoría de la ocasiones, por una serie de canales y necesidades que no han cambiado mucho en los últimos milenios. ¿Cómo afectará este particular al modo de uso de las redes sociales, tan artificiales a nuestra anatomía cerebral como un tercer brazo? ¿Habremos desarrollado las habilidades suficientes para emplearlas sin riesgo? ¿O son estas nuevas herramientas las que nos están obligando a cambiar? Si esto es así, ¿lo conseguiremos? ¿O la ilusión de la comunicación universal esconde intereses que desconocemos o de los que no queremos darnos cuenta? ¿Es el mundo virtual un correlato del mundo real y físico?

Muchísimas son las dudas que pueblan este nuevo mundo virtual, pero no queramos ver en estas dudas un ejemplo arquetípico de misoneísmo, de aversión a lo nuevo. El miedo a lo nuevo no debe ser el motor de esta reflexión, sino la duda razonable y metódica que nos invite a saber exactamente a qué nos enfrentamos. Constantemente hacemos uso de las novedades tecnológicas sin saber cómo funcionan en sí. Encendemos la luz sin saber a ciencia cierta cómo funciona el flujo de electricidad que recorre el cable de cobre hasta la bombilla, y aceptamos simplemente que funciona y nada más. Allí, donde antes dirían *magia*, nosotros sabemos que es ciencia, aunque no sepamos explicarlo. ¿Pero si en el invento de las redes sociales hubiera en juego otros factores que se nos escaparan de las manos, no solo desde un punto de vista tecnológico? ¿Y si hubiera un trasfondo psicológico, o antropológico, que debiéramos conocer claramente y que estamos pasando por alto?

Esa pasión por las redes

Intentemos acercarnos a nuestro objetivo desde una metodología sencilla, pero eficaz: la pregunta y la duda, el pensamiento crítico que no deja al azar, o a lo dado por hecho, el actuar libremente. Pensar que las cosas son porque son, porque siempre han sido, o porque alguien nos dijo que se enteró de que eran así, es la mejor manera para seguir pensando que la Tierra es plana y que tras la línea del horizonte habitan monstruos arcanos que devoran a los marineros que osan adentrarse en esas negras y frías aguas.

Si como animales humanos no nos situamos en el pensamiento crítico y autónomo, del mentado binomio solo nos corresponderá lucir, para nuestra vergüenza, el sustantivo *animales*. Sabemos que, desde nuestro último paso evolutivo, el ser humano se ha esforzado en aportar soluciones a sus dudas y miedos. Primero desde la interpretación de la naturaleza como un elemento vivo y mágico cargado de fuerzas desconocidas. Posteriormente, desde la creación de mitos dependientes de entidades a las que se dotó de poderes, aun teniendo aspecto de hombres y todas sus debilidades de carácter. Después, reduciendo todos estos dioses a uno solo, omnipotente, omnipresente y omnisciente en la cultura occidental. Y finalmente, y tras 2 500 años de desarrollo del pensamiento filosófico-científico (lo que para Newton era la filosofía natural), el animal humano descubrió que con su sola razón, la observación y la experimentación, podía deshacerse del pensamiento mítico que desde el albor de los tiempos lo acompañó para interpretar la naturaleza, y ahora sí modificarla y expandirla más allá de sus fronteras redundantemente naturales.

Ya que somos tan terriblemente listos, usemos la pregunta filosófica por excelencia: preguntémonos por qué. ¿Por qué de la existencia de las redes sociales? ¿Por qué tienen tanto éxito? ¿Qué consecuencias tiene este auge de las redes sociales en todos los aspectos posibles, sociales, personales, mercantiles, tecnológicos? Y finalmente, ¿cuál es el uso óptimo que debemos dar a esta herramienta? Si es que podemos aplicar el calificativo *óptimo* a algo que parece que aún no controlamos lo suficientemente, ¿o sí?

Si Da Vinci supiera...

Muchas pueden ser las razones para que un invento funcione y otras muchas, de igual manera, para que fracase. Los aztecas gustaban del juego de la pelota con fruición, de modo que para ellos la forma circular era más que conocida y sabían de su facilidad para rodar (de hecho esa forma era muy utilizada en otros menesteres), pero jamás se plantearon el uso de la rueda como elemento que facilitara la motricidad, más allá de algunos juguetes infantiles. La unión de los factores no fue suficiente para hacer saltar la chispa creadora. El telescopio, hasta que cayó en manos de Galileo, no era más que un juguete de feria medieval y además, ya que Dios nos había dotado de ojos perfectos, algo como ese artilugio hecho por las manos del hombre no podía mejorar la obra de Dios, así que lo que a través de aquel objeto se veía era claramente falso... Qué cosas, ¿no?

Para el desarrollo de las redes sociales se tuvieron que encontrar dos factores fundamentales; las circunstancias tecnológicas suficientes para su desarrollo y el interés manifiesto de desarrollarlas utilizando las posibilidades técnicas. Y esto que parece una majadería es el *quid* de todo invento. Recordemos que Leonardo da Vinci creó infinitos diseños de máquinas, tanto de guerra como otros ingenios mecánicos o voladores, y en muchos casos la imposibilidad de su realización se debía a la falta de materiales y técnicas de construcción de la época; había la intención de crear, pero no los medios que lo permitieran.

¿Pero era suficiente esta unión de factores para asegurar el éxito sin parangón que las redes sociales han experimentado desde su invención?

Al ingenio tecnológico se sumó la predisposición de una generación ávida y conocedora del consumo de nuevas plataformas virtuales. Recordemos que ya desde mediados de los noventa, cuando surgieron la mensajería instantánea y los chats como ICQ, el uso de internet para cuestiones de comunicación privada se había disparado exponencialmente. A la expansión de ICQ siguieron, en 1998, otras plataformas como MSN o Yahoo!, que también daban servicios de chat. Estos primeros chats fueron, en gran medida, los impulsores de varios fenómenos que se difundieron de forma asimétrica: los foros, los blogs y los espacios propios o perfiles personales (origen en parte de la interfaz de las redes sociales). Pero la época dorada de los chats culminó con su abuso. El más popular y diverso de todos, el de MSN, canceló sus servicios a finales de 2003, según la versión oficial, por la proliferación de redes de pederastas y otros malos usos del servicio. Curiosamente la competencia, Yahoo!, mantendría similar servicio de chats durante nueve años más, aun hasta el 14 de diciembre de 2012; un año después, MSN también cerraría su popular servicio de Windows Live Messenger, fusionándolo con el más avanzado Skype.

Pero el germen de las redes sociales ya estaba sembrado y toda una generación de cibernautas tenía en su memoria la existencia de estas protorredes desde que se asomaron por primera vez a internet.

El uso de los foros se popularizó como un espacio libre de comunicación más o menos especializada. Primero, como espacio de encuentro personal, para posteriormente definirse como espacios de consultas específicas sobre todo tipo de cuestiones. Los blogs, por su parte, fueron la realización del deseo de publicación de muchos internautas a los que los foros les quedaban pequeños. En un principio, el ansia de interactividad convirtió a los blogs más visitados en generadores de opinión, para poco a poco, tras la irrupción de las redes sociales, quedarse relegados como repositorios de información y soporte gráfico, más que como generadores de controversia.

Pero los sistemas de chat y mensajería instantánea ofrecían una posibilidad de autopublicitarnos. En todos ellos el usuario podía publicar y editar su perfil. En este perfil se podían subir fotografías (al principio solo una), hacer comentarios personales, poner algunas líneas de currículum, y contar en breves palabras lo maravilloso y buena persona que uno era con el fin de que otros usuarios, normalmente del sexo contrario, nos invitaran a unirnos a su chat o a su servicio de mensajería instantánea. Esto ya nos va sonando más, ¿verdad?

En 2003, mismo año de la desaparición del chat MSN, apareció la primera de las redes sociales tal como hoy las conocemos: Myspace. Y se desata la locura de las redes sociales. Myspace era un escaparate de promoción muy sabiamente diseñado para tal efecto. Y así multitud de artistas (músicos fundamentalmente) lo utilizaron para aumentar su popularidad. En 2005 se vendió por 500 millones de dólares a News Corporation, pero la aparición de Facebook en el panorama internacional en 2007 desbancó a Myspace y lo redujo a su mínima expresión, como todo en el mundo virtual. En 2011 Myspace fue revendido por 35 millones de dólares y pasó de tener 1 600 trabajadores a 200. Hoy por hoy, Myspace ha dejado de ser una red social para convertirse en un portal de música.

Aunque los orígenes de Facebook son un tanto caóticos y contradictorios, entre juegos y estrategias para encontrar parejas sexuales, lo que es una realidad es que actualmente cuenta con más de 2 200 millones de usuarios en todo el mundo y es, por mucho, la red social más activa y rica en cuanto a tráfico de información, fotografías, videos y todo tipo de material susceptible de ser subido a la red. Pero la posibilidad de balancear e impulsar un contenido con un clic («me gusta») o una opinión sigue en el germen de Facebook desde su creación por Mark Zuckerberg hace algo más de una década. ¿Pero es el pulgar azul hacia arriba lo que realmente marca la diferencia entre el éxito de esta red social sobre las demás opciones, hi5, Twitter,

Myspace...? ¿Tanto nos importa lo que piensen los demás de nosotros como para que casi dos octavas partes de los habitantes del planeta participen de este juego virtual? ¿Somos conscientes de que cada uno de nosotros aporta un valor de aproximadamente dos dólares a una empresa que cotiza en el Nasdaq, la bolsa de valores electrónica más grande de Estados Unidos?

Facebook, mi amor

Es obvio que el terreno estaba ya abonado para recoger una buena cosecha. La tecnología estaba creada y probada, la necesidad también latía en el ambiente, y toda una generación de jóvenes nacidos en la época virtual y adultos de mediana edad, con suficientes conocimientos informáticos, eran los potenciales clientes de la nueva red social que estaba por explotar. ¿Pero es esto motivo suficiente para, en menos de 14 años, seducir a dos octavos de la población mundial? ¿Qué otros resortes despertó Facebook para conseguirlo? ¿Lo sabían sus inventores o fue como el descubrimiento de la penicilina, una acción fortuita en el mejor de los momentos posibles ante las personas que supieron interpretarlo debidamente?

Para analizar este fenómeno, estudiemos las necesidades del animal humano tanto como individuo singular (o que se cree singular) como colectivo.

Víctor, el animal salvaje

Como ya dijimos, el ser humano no habría salido jamás de las cuevas sin, entre otras muchísimas carambolas evolutivas y azarosas, la capacidad de expresión y la de convivir políticamente. Estas capacidades van mucho más allá de las simples capacidades biológicas y sus bondades inmediatas. Para que un ser humano se desarrolle en la actualización de sus potencialidades es imprescindible que ambas capacidades sean cubiertas a la par. Es decir: ningún animal humano es capaz de dejar de ser animal si no se desarrolla con otros seres humanos que lo enseñen y eduquen, y de los que a su vez aprenda. Además, necesita relacionarse con ellos a un nivel de transmisión de pensamientos e ideas abstractas. Pero esto ya lo sabíamos, ¿no?

Algunas personas se llevarán las manos a la cabeza después de haber leído estas palabras, y entre otras cosas significará que no han prestado mucha atención a lo leído con anterioridad. Aun así preguntarán —porque ir hacia atrás en un libro es algo que casi hiere el orgullo propio—: «¿Pero es que está diciendo que un ser humano que no se cría entre humanos deja de ser un ser humano?». Pues sintiendo enemistar a los más aprensivos, y repitiendo lo obvio pero con otras palabras, tendremos que decir que en su definición legal no dejará de ser un humano de pleno derecho, pero sí en su condición constitutiva. Tendrá todos los derechos inherentes al ser humano dependiendo del país en el que naciera, pero no actuará como tal, ni podremos tratarlo como tal. Y para ejemplificar este particular recordemos el caso de Víctor de Aveyron, más conocido como *el niño lobo* o *el pequeño salvaje* por la película del francés François Truffaut,[14] y que me comprometí contigo a desarrollar más extensamente.

El caso de Víctor no es un caso aislado. Muchos son los casos de niños ferales encontrados, pero este, por estar especialmente bien documentado, merece la pena ser rememorado. En 1799 Víctor fue encontrado en Aveyron, cerca de los Pirineos franceses. Estaba desnudo. Aparentaba unos 12 años y se comportaba exactamente como un animal. No sabía hablar y no hacía otros ruidos más que gruñir, se movía de forma espasmódica y no era capaz de permanecer quieto sin balancearse sobre sí mismo. En un principio lo dieron por retrasado mental o loco, pero un joven doctor se ofreció a educarlo. La labor fue imposible y frustrante. Víctor aprendió a vestirse y poco más, de alguna manera su periodo de aprendizaje había pasado. Su cerebro

[14] F. Truffaut (director), M. Berbert (productor), *El pequeño salvaje* (1970), Francia: Les Films du Carrosse.

ya no estaba receptivo. Jamás pudo hablar, y no era capaz de expresar otras intenciones que no fueran las de la autocomplacencia. Siempre intentó escapar, volver a la naturaleza, aunque ya no pudiera ser autosuficiente como antes. Las únicas muestras de afecto que se le pudieron ver eran hacia la señora que diariamente le daba de comer, y no hacia el joven pedagogo que se desvivía por encontrar al humano que había tras el animal. Víctor murió en 1828 sin jamás pronunciar una oración simple.

Son muy controvertidas las teorías sobre el aprendizaje del habla, pero lo que sí es cierto es que en todos los casos de niños salvajes que se conocen, de aquellos que desaparecieron a una corta edad y no tuvieron tiempo de aprender a hablar, al ser encontrados ninguno fue capaz no solo de hablar, sino de formar parte de la sociedad. Sin el contacto de la sociedad, de nuestros iguales, por muy bárbaros que estos nos puedan llegar a parecer, no dejamos de ser animales; animales inteligentes, sí, pero no tanto. Animales sin lenguaje abstracto, sin leyes morales e imposibilitados para la creación y el uso de herramientas.

En nuestra constitución como seres humanos está grabada a fuego la necesidad de pertenencia y confianza en la comunidad: es el clan quien nos educa, quien nos protege y al que debemos, en gran medida, ser como somos. Esa necesidad nos diferencia del resto de los animales, ya que actualiza nuestra capacidad de hablar, de expresarnos mediante un lenguaje articulado capaz de comunicar ideas abstractas, situaciones en diferentes tiempos, deseos, miedos, y todo un sinfín de creaciones a las que después hemos llamado *cultura*.

No es de extrañar que cuando un régimen totalitario desea alienar de su esencia al pueblo al que oprime, las primeras libertades que anule sean la libertad de expresión y asociación. Y esto es tan trágico como real. Estas libertades «democráticas» son en realidad necesidades consustanciales y constitutivas de los animales humanos. La supresión de estas libertades sume al pueblo que lo padece en la ignorancia, la ignominia, el ostracismo y al sometimiento más servil. Toda revolución ideológica, progresista, social, se ha conseguido de la mano de estas dos libertades desarrolladas en la máxima expresión de su época.

¿Cómo impedir que nos relacionemos con los que nos dan nombre y sentido? ¿Cómo inhibir nuestra necesidad de confianza en los demás sin dejar de ser animales humanos?

Entonces, ¿qué efecto tendrá en nosotros la irrupción en nuestra vida de una herramienta informática que precisamente parece que nos brinda eso mismo, la libertad de expresarnos, de ser como somos y de reunirnos con quien nos apetezca en el ciberespacio? Euforia, sin duda. Esa es la promesa de las redes sociales, y más especialmente, de Facebook. Euforia ante el espejismo de la libertad de comunicación, asociación y confianza a un clic de distancia, sin la necesidad de romper con las barreras de nuestra pereza, timidez o nuestra simple y contundente vagancia.

Decía un refrán oriental que el mal se encuentra en los caminos rectos, porque estos nos llevan sin dificultad, sin trabajo, a donde queremos llegar, y que debemos procurar los caminos sinuosos y circundantes porque en ellos está el aprendizaje. Gracias a ellos podremos disfrutar con más gusto de nuestros logros... Nada más alejado de nuestra realidad, ¿no es cierto? Parece que hemos descubierto la prisa, la inmediatez, como vimos hace un rato. Donde antes se imponía la paciencia forzosa ahora se impone el «¡ya!», «lo quiero para ayer», y claro, las prisas vienen con sus propios tropiezos. No es que seamos descuidados, somos vehementes y no hemos calculado aún el alcance de nuestros deseos.

Una de las consecuencias más conocidas de la unión de estos factores es el phishing, término británico para definir la usurpación de personalidad, tan de moda en las redes sociales. Pero esto es un mal menor que a lo sumo acarrea solo algunos corazones rotos, alguna noche de lágrimas y, para los más sensibles, unas cuantas borracheras y visitas al psicólogo. Obviamente esto no es más que una banalización de la cuestión, y de seguro más de uno conoce alguna consecuencia dramática de un caso de phishing, pero insisto, no deja de ser una mera anécdota efectista, los problemas han de venir por otro lado y seguro son más generalizados de lo que creemos o quisiéramos.

Ser un rockstar

Ya hemos visto que las redes sociales han conseguido imbricar profundamente, aunque quizá por mera casualidad, dos de los aspectos esenciales de nuestra constitución como animales-sociales y comunicativos. Pero salvado ya este aspecto, ¿cómo nos afecta en lo personal, más concretamente en lo emocional, en esa parte tan vital y constitutiva de nuestra identidad?

Nos preguntábamos más arriba si tan importante era para nosotros lo que piensen los demás, si tanto anhelamos el reconocimiento público. Para contestar a esta pregunta vamos a rescatar al psicólogo humanista estadounidense Abraham Maslow.

El animal humano ha sido estudiado desde diversos prismas y objetivos durante toda nuestra historia. Biológicamente, fisiológicamente, metafísicamente, desde una visión forense, etc. Pero será Maslow el primer psicólogo que se acerque a la mente de un humano sano, no como un paciente al que tiene que ayudar, para analizarnos y comprender cómo funcionamos, o mejor dicho, para saber qué nos impulsa y qué nos motiva a actuar como lo hacemos. Maslow partió de la idea de que todos los seres humanos tienden a actuar buscando algún fin, no solo como una acción-reacción refleja. Para dar con la contestación a estas cuestiones desarrolló toda una teoría llamada *psicología humanista*, a medio camino entre el conductismo y el psicoanálisis, que ofreció una tercera vía antes no conocida.

Según la psicología humanista, todos los seres humanos albergamos el deseo de desarrollar nuestro potencial en algún momento de nuestra existencia, esto es, de realizarnos. Pero esta necesidad no es azarosa ni fruto de una casualidad. El modo de lograrlo y el objeto del mismo dependerá del medio en el que estemos, pero la consecución y orden de las metas responderá a un orden jerárquico, más o menos universal, en íntima relación con nuestro marco espacio-temporal y nuestra etapa de desarrollo como individuos. Esta jerarquización queda perfectamente plasmada en la ya famosísima pirámide de Maslow:

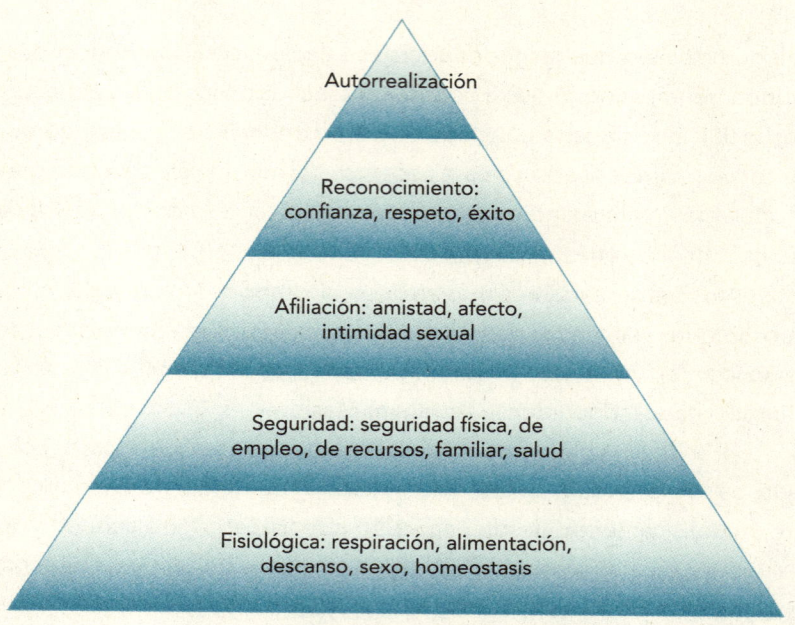

Autorrealización

Reconocimiento:
confianza, respeto, éxito

Afiliación: amistad, afecto,
intimidad sexual

Seguridad: seguridad física, de
empleo, de recursos, familiar, salud

Fisiológica: respiración, alimentación,
descanso, sexo, homeostasis

Si le echamos un vistazo a la pirámide no necesitaremos gran talento para ver cómo del nivel más elemental al más elevado hay no solo una evolución histórica, sino también cultural.

Me resulta complicado imaginarme a un antepasado nuestro huyendo de un dientes de sable por la sabana africana enfrascado en cuestiones y disquisiciones morales. Supongo que Maslow también vería esto complicado. Esta jerarquización de las necesidades va de la mano de la sofisticación cultural y, obviamente en el siglo IV a. C. sería harto complicado que cualquier ateniense de a pie alcanzara el cuarto de los niveles descrito por Maslow. Históricamente este nivel, por no hablar del quinto y último, estaba reservado a una elite social muy determinada. Si pusiéramos los ojos en la Atenas de aquella época, solo prohombres como Pericles, algunos deportistas olímpicos o algunos filósofos podrían gozar del respeto, el éxito y el reconocimiento. Todavía en pleno siglo xx, con el estallido de los medios de comunicación de masas, este cuarto nivel ha estado siempre al alcance de una minoría. Militares, políticos, literatos, deportistas, personalidades del mundo del cine, cantantes, toreros, multimillonarios... Seguro que al nombrar esta ristra de «ocupaciones» y «oficios» no faltan ejemplos para rellenar algunas páginas con personajes «famosos» que respondan a estas descripciones. *Famosos* o *celebridades*, esa es la palabra con la que definimos a estas personas que gozan de la confianza y simpatía de todos, que son reconocidas, que son exitosas. ¿Quién no ha fantaseado alguna vez en su vida con ser uno de esos nombres en boca de todos? ¿A quién no le gustaría ser reconocido por hacer tal o cual cosa digna del respeto y la admiración de los demás?

Pareciera que el animal humano llevara a fuego grabada la necesidad de ser «alguien», de dejar huella en los demás y sobre los demás, y tampoco faltan ejemplos para esto último.

ergo...

¿Cómo habrá afectado la irrupción de las redes sociales ahora que ya conocemos un poco mejor las causas que nos impulsan a hacer muchas de las cosas que hacemos? Lógicamente, la posibilidad de darse a conocer y ostentar un número ingente de «amigos» o «seguidores» sin destacar uno especialmente en nada, ha sido, en parte, acicate suficiente para millones de personas para subirse al carro de las nuevas tecnologías.

Un «me gusta» o un comentario de un «seguidor» nos hace sentir que somos «alguien», que existimos, que nos tienen en cuenta, que nos respetan. Tener cuatro millones de «me gusta» o un millar de comentarios de «seguidores» nos hace creer que hemos entrado en el club de los elegidos, en una elite social a la que por nuestros propios méritos no deberíamos pertenecer. Pero en el mundo virtual todo cambia, se puede ser un generador de tendencias, aunque sea por repetir eslóganes de otros, imágenes y chistes ya hechos, o repitiendo clichés políticos que solo buscan el arrebato momentáneo y sentimentalista. El ego es el ego y no tiene paladar que diferencie entre el reconocimiento por nuestros méritos, o nuestros «logros» en las redes sociales. El éxito es éxito, ¡y punto!

Y porque en la red social nos encontramos con ese grupo al que necesitamos pertenecer, como bien llevamos en nuestro ADN. Porque en la red social podemos comunicarnos libremente, porque podemos ser nosotros mismos (cosa más que cuestionable), porque en la red social podemos lograr completar ese cuarto nivel del que Maslow nos habla, ese cuarto nivel al que creímos que nunca llegaríamos, esa posibilidad de meternos en el Olimpo. Y todo esto sin tener que salir de casa, sin tener que sudar, sin tener que hacer otra cosa más que estar siempre ahí, frente a una máquina alimentando sus tripas con nuestras cosas. Y además, para mayor orgasmo de nuestro onanismo mental que nos hace creernos únicos y, a la vez inteligentísimos, nos entretiene y es «gratis»…

Felicidades, ¡trabajas para una trasnacional!

Creemos que el uso de las redes sociales se encuentra en el espacio de nuestro ocio y nuestra evasión. Es una herramienta que se nos brinda gratuitamente, nos permite relacionarnos con nuestros amigos y nos aporta reconocimiento, respeto, confianza, éxito. El invento que nos ha regalado el mundo virtual es perfecto: nos completa, se adapta como un guante a nuestras necesidades primarias como especie e individuos históricos y culturales.

¿Pero qué es una red social en términos de estructura, desde el más puro aspecto informático, como programa? Si analizamos, por ejemplo, una página personal de Facebook y somos capaces de ver más allá de las fotos y comentarios, más o menos interesantes o acertados, estaremos frente a una página vacía de un editor de textos avanzado que permite cierta interactividad.

Una red social es, básica y groseramente hablando, una página en blanco de Excel a la que vamos dotando de contenidos y, de suyo, solo tiene publicidad. El esperado efecto del comentario, del «me gusta», solo se dará cuando mi cuenta de «amigos» o «seguidores» sea lo suficientemente abultada como para que ante un comentario, o una foto o un video, medianamente aceptable que yo suba, la masa crítica, por pura probabilidad estadística, propicie que suceda el tan esperado acontecimiento. Pero nosotros no somos tontos, así que pronto descubrimos que si queremos más interacción en nuestra página debemos aumentar sensiblemente el número de posibilidades de que esto suceda. ¿Cómo? Pues con más amigos, alimentando también sus egos por medio de comentarios esporádicos en sus publicaciones. *Quid pro quo*, algo a cambio de algo. Y así entramos en la dinámica más o menos adictiva, dependiendo de cada cual, del juego de las redes sociales.

Pero retomemos el concepto de la *red social*. Dotamos de contenidos a la estructura hueca de la red. Propiciamos la interacción y el proselitismo entre nuestros «amigos» y nosotros mismos. Nosotros subimos imágenes de nuestra vida cotidiana, hablamos de nuestros intereses, de nuestras vacaciones, de dónde y con quién nos gusta estar y qué nos gusta hacer. Redactamos nuestras propias crónicas de los hechos que nos perturban, o nos emocionan o nos causan repulsión. Básicamente, si abres bien los ojos, ofrecemos un resumen bastante acertado de nosotros mismos, de nuestras tendencias, gustos y aficiones, de nuestros intereses y deseos. Según el *13º estudio sobre los hábitos de los usuarios de internet en México 2017* de la Asociación Mexicana de Internet, un mexicano pasa en promedio ocho horas diarias conectado a internet, donde sus redes sociales —ya sea ante una pantalla grande o desde su teléfono inteligente— es la actividad principal. Dos mil doscientos millones de usuarios son «amigos» de alguien mediante Facebook, y entre más seamos, no lo dudes, mayor será el valor económico de la empresa.

Cada vez que actualizamos nuestra red social estamos reforzando nuestra necesidad de reconocimiento. Pero además dotamos de contenidos a una estructura mercantil que sin nuestra participación estaría vacía, hueca y sin valor. Y esto tampoco es gratis. O seremos tan ingenuos de creer que esta empresa, teniendo en su haber la mayor base de datos mundial de clientes de cualquier producto, idea o tendencia, no va a mercadear con semejante información. En otras palabras, de todo aquello que subamos (fotos, comentarios, artículos) perdemos la propiedad intelectual. Cada vez que lo hacemos público en la red social nos regalamos un poco a alguien que sabe rentabilizar en dólares ese presente. ¿Así que por qué no exprimir mucho más a la gallina de los huevos de oro?

Todos los usuarios de las redes sociales trabajamos, de forma voluntaria y gratuita, en una empresa multinacional privada que, además, saca partido de nuestras necesidades tan convenientemente saciadas en la propia red. Y nuestro trabajo sí que es gratuito, claro que ninguno nos damos cuenta del negocio, ni siquiera nos lo hemos olido, ¡y eso que somos tan listos! Nuevamente el animal humano hace gala de su cerebro de hace 200 000 años que se entretiene alucinado, disfrutando de los espejitos que ponen ante nuestras narices mientras otros, más listos pero con el mismo cerebro, nos roban algo que es nuestro y que jamás deberíamos haber puesto en venta, por mucho que nos satisficiera fanfarronear.

Indefensos y las redes lo saben

Un cuchillo de punta redonda para untar mantequilla en el pan es una herramienta inofensiva en las manos de la mayoría de nosotros, pero el mismo cuchillo en manos de un talibán con un periodista de la NBC de rodillas y amordazado a sus pies tiene una dimensión absolutamente diferente. El uso que hagamos de la herramienta es el que determinará su grado de afectación, permisividad e injerencia en nuestras vidas.

Es obvio que para la red el negocio está servido. La empresa da mantenimiento a una estructura hueca que el sujeto rellena con sus datos personales, su identidad, su privacidad, su intimidad, sus pasiones y vicios, sus ideas políticas. Tiene un espectro de información tal de los sujetos que la componen que su activo es puramente productor: publicidad, encuestas, intenciones de compra, de voto, manipulación de masas, y control e intromisión en la vida privada con fines de lo más exóticos. Lo que quieran, porque además les dejamos y pareciera que nos gusta. Pero además somos un bien de cambio gratuito. ¿Alguien se ha parado a pensar qué significa que desde el momento que publicas una foto en Facebook pierdes los derechos sobre ella? Pues que bien pueden usar una foto tuya con dos copas de más haciendo el tonto, o la tonta, para una campaña en contra del alcoholismo, u otra en la que salgas en la playa en traje de baño para una campaña en contra de la obesidad. Esto es un ejemplo burdo, pero la realidad es que estamos indefensos ante cualquier deseo de utilizarnos a nosotros como bien de cambio, o a nuestros productos.

Inocencia de 200 000 años

Ajenos al mero divertimento lúdico que creemos hacer de la herramienta con el único objeto de saciar los fines ya desarrollados anteriormente, y ya aclarado el afán comercial que encierra toda red social, debemos acercarnos un paso más hacia la realidad contingente del animal humano: el sujeto se expone en la red social de forma absoluta. ¿Y qué significa esto?

Es obvio que navegamos con la ingenuidad por bandera en el mundo de las redes sociales. Hasta hoy creíamos que era la solución a muchas de nuestras necesidades. Necesidades de comunicación, de pertenencia a un grupo, de reconocimiento y éxito. Pero te he recordado hasta la saciedad que seguimos utilizado un cerebro de hace 200 000 años al que no le ha dado tiempo de evolucionar convenientemente para jugar en igualdad de condiciones en pleno siglo XXI. Se trata de un cerebro que sigue actuando a partir de unos parámetros anteriores a la última glaciación, que no diferencia con claridad lo virtual de lo real, y esto, muy a nuestro pesar, tiene un costo. Recientemente un estudio, de esos sesudos que parece que pretenden revolucionar el cosmos intelectual, arrojó la siguiente información: «Cuanto más descargamos nuestro malestar crítico en las redes sociales, menor impacto tiene este en nuestra vida pública». Es decir: cuando nos quejamos en Facebook volcamos ahí nuestro malestar y, como si de una catarsis se tratara, salimos a la calle con menos ganas de protestar. Seguro que alguien se atreve a decir que esto es muy bueno, ¿pero para quién es bueno? El valor de la catarsis en las tragedias griegas es sabido, al igual que para muchos surte el mismo efecto el sermón del cura o la arenga del general antes de la batalla. Así pues, era de esperar que el uso de las redes sociales como lenitivo de espantos y desengaños nos sirviera de igual modo, porque poco hemos cambiado. ¿Pero qué más arrastramos en esta travesía por aguas ignotas?

Todos mis «yoes»

Es normal que justo antes de la adolescencia empiece el animal humano a desarrollar las diferentes facetas de la proyección de su personalidad hacia los demás. Lo que antes se hacía por instinto, por precaución, se convierte en este momento en un arma de ocultación y de juego social. En esta edad podemos desarrollar diferentes roles de conducta en virtud de determinadas circunstancias. No somos el mismo «yo» en nuestra casa con nuestros padres, en el colegio ante el profesor o con nuestros amigos, ante la niña o niño que tanto nos gusta y del que creemos estar enamorados, o en cualquiera que sea la tesitura. Habrá quien logre dominar esta suerte de máscaras y habrá otros que, infelices, no sean capaces de desarrollar estas habilidades sociales. Es lógico: no todos los seres humanos miden dos metros, ni todos pueden correr los cien metros en menos de 10 segundos.

Con los años y la experiencia, este juego de máscaras se vuelve tan natural y consustancial que rara vez nos lo planteamos o cuestionamos. Es como respirar: nadie se imagina yendo a comprar el pan a una panadería que no sea la de toda la vida e intentar intimar con el tendero, ni siquiera para pedirle el pan fiado. Si alguna vez se dan estas relaciones atípicas que rompen el orden lógico de nuestra conducta suele ser en circunstancias que sabemos únicas y que no se repetirán, al menos junto a la misma persona, como montados en un avión o viajando en un taxi. Entonces estamos conformes cuando sabemos bien cómo, cuándo y cuánto mostramos de nosotros mismos en virtud de la situación y el grado de relación que se establezca con personas con las que nos encontramos en determinado momento.

Así que convengamos que si nos encontramos en una situación ante desconocidos, podemos decir que mostramos un «yo público», un yo más o menos discreto con su vida personal que no desvela más que algunos datos singulares sin entrar en grandes honduras. Podemos decir nuestro nombre, a qué nos dedicamos, de dónde venimos si es que nuestro origen no nos avergüenza, nuestra edad, o algún dato más personal como nuestro estado civil. Pero esa será nuestra zona de confort y solo si pretendemos conseguir algo más de la situación daremos un paso más allá.

Convengamos también que el «yo privado» es el siguiente paso. Es el «yo», el «nosotros», que se relaciona con la familia, con la pareja, con el círculo de amigos. Es el que permite la intromisión (con reservas siempre) en las cuestiones personales. El que pide consejo, el que se atreve a reflexionar en voz alta, a dar una opinión comprometida sin miedo al rechazo. Es el yo que se sabe protegido, más seguro, en una zona de confort relativa aunque no exento del conflicto, laboral, familiar o de pareja. Pero en definitiva es donde más cómodos solemos sentirnos, pues tenemos la sensación de controlar la mayoría de las variables.

Pero hay otro yo al que no nos gusta mirar tanto. Convengamos, por última vez, que lo llamamos «yo secreto» o «íntimo». Aquí nos cuidamos muchísimo de dejar entrar a cualquiera. Este yo esconde nuestros miedos y complejos, nuestros secretos inconfesables que no son más que miedos al rechazo, nuestras fisuras y debilidades. Aquí damos visa de entrada a muy poca gente, nuestra pareja en algún momento si somos afortunados, quizá algún familiar al que queramos con especial intensidad, o a un amigo o amiga, y con los años este grupo selecto se suele ir enflacando aún más, y nos quedamos solos en ese huequito pequeño, secreto e íntimo al que hasta a nosotros mismos nos cuesta entrar.

¿Pero entiende nuestro cerebro paleolítico cuál yo debe poner en juego en el campo de batalla de las redes sociales?

Las redes sociales parten de una imposición formal y un supuesto teórico:

Imposición formal: debemos, antes de formar parte de la misma y por imperativo «legal», aportar todos nuestros datos personales. Nombre, edad, estudios, profesión, procedencia, etcétera.

Supuesto teórico: Todas las personas a las que vamos a invitar y las que nos invitan son mis amigos. Así, de un plumazo saltamos del «yo público» —que es el que por la lógica imperante en los últimos 2 000 siglos debería imponerse— al «yo privado».

Todos son nuestros amigos y además, para colmo de males, toda esa valiosa información que estratégicamente debíamos utilizar en nuestro favor en los pasos previos a dar el salto de un primer yo al otro ya aparece en nuestro perfil o biografía. Las redes sociales nos empujan a omitir un paso previo valiosísimo y necesario para nuestra higiene mental. Nos arrojamos a la arena sin un escudo que permita evadir los primeros golpes. Nos hace creer que ya pertenecemos al clan y que todos los que están con nosotros son dignos de nuestra confianza, cuando en el fondo no es más que un pseudoclan donde debemos movernos con mucho cuidado. Y entonces no nos queda otra opción que jugar, buscar la rápida aprobación de nuestros «amigos», buscar el «me gusta», que te compartan, y lo demás ya lo conocemos.

Obviamente, no a todos nos impactan las cosas de igual manera. Pero sí es cierto que el salto de un «yo» al otro podría provocar que la barrera entre lo privado y lo secreto se disipe peligrosamente y, casi sin darnos cuenta, estemos compartiendo intimidades y miedos que jamás se nos ocurriría compartir en otro ámbito. Y esto sí puede ser muy riesgoso. No tanto por el uso o abuso de terceros, simplemente por nosotros mismos, por nuestro delicado equilibrio entre inseguridades y confianza en el que durante gran parte de nuestra vida nos movemos, y sobre todo durante nuestra juventud. Porque durante milenios nos hemos esforzado en ir vestidos y, amén de cuidarnos del frío o el calor, tapar nuestras vergüenzas, hay que ser de una pasta especial para salir a la calle desnudos. De la misma manera no todos están preparados para mostrar sus miedos y complejos a un golpe de clic y no sentir en sus carnes, al poco, el golpe de la culpa, la vergüenza o la indefensión.

Hola, papá Facebook

Apenas hemos hablado de qué podemos aprender y la influencia que como herramienta educativa tienen las redes sociales, es cierto, pero casi estoy seguro de que ya te has podido hacer una idea de qué pienso.

Si damos por hecho que todos aquellos con los que compartimos ciberespacio son amigos, nuestro umbral crítico ante sus publicaciones será más bajo de lo habitual, que ya está bastante por los suelos. Esto es porque al confiar en nuestros amigos damos un «plus» de credibilidad a lo que ellos nos dicen. Incluso un amigo es capaz de hacernos dudar cuando nos cuenta que vio un ovni o se enrolló con la *miss* del momento.

Al recibir el bombardeo de información que nuestros «amigos» postean y repostean tenemos cierta tolerancia crédula, lo que hace que en muchos casos ni siquiera nos molestemos, no ya en contrastar la información, sino en leerla completamente; solo las palabras más grandes y en negrita nos llegan a los ojos y le damos compartir en una fracción de segundo. Así, es usual que noticias pasadas vuelvan una y otra vez a la luz, porque nadie se molesta en saber cuándo aparecieron, y matemos constantemente al famoso que murió hace 14 años o que aún no lo ha hecho y no gana para calmar los sustos de sus familiares.

Y va más allá, porque esta mala praxis infoxicativa da sustento a toda idea estúpida que a algún aburrido o mal intencionado se le ocurra publicar. Ahora mismo las redes sociales son terreno fértil para mamarrachos pseudocientíficos, para charlatanes que pretenden mostrar sus doctos conocimientos en ciencias ocultas, energías metafísicas, conspiraciones galácticas y toda clase de estupideces. Pero como siempre hay alguien que lo comparte, y este alguien tiene amigos que no se cuestionan la legitimidad de la información, esta bola de insensateces crece y crece y, como diría Joseph Goebbels, el ministro de propaganda nazi, cuanto más grande sea una mentira más gente la creerá.

Además las redes sociales tampoco nos lo ponen muy fácil, y en su afán por mantenernos idiotizados el mayor número de horas en su plataforma, criban aquellas noticias a las que prestamos atención de las que simplemente pasamos.

Si eres aficionado a los videos de gatitos, el algoritmo que rige las publicaciones que aparecen en tu *timeline* incorporará una mayor cantidad de estos videos zoofílicos. O si, por el contrario, somos tan descerebrados que aun después de leer mi arenga contra los horóscopos seguimos empeñados en nuestra estulticia, entonces no pasará un día sin que nuestra red social nos recuerde que ese día nuestro color es el verde y que debemos huir de los signos de aire. A este fenómeno comunicativo se le denomina la *cámara de eco*, de tal manera que finalmente el pobre internauta adicto a actualizar su Facebook 30 veces por hora solo recibe aquellos contenidos que se suponen son de su complacencia, negándole así cualquier posibilidad de duda, de crítica, de cambio. En definitiva, únicamente consumimos el eco deforme de nuestras mal llamadas ideas y gustos.

¿Tan iguales somos, con lo diferentes y únicos que nos creemos, para resumir así nuestra conducta? ¿Sabían los que ingeniaron las redes sociales las increíbles variables e hilos que movieron para cosechar el éxito que han cosechado? ¿Tanto nos puede la necesidad de confiar, de conseguir reconocimiento, de éxito, de fama, que estamos dispuestos a pasar horas ante la pantalla con tal de recolectar unos cuantos «me gusta» aunque sea a costa de aumentar la desinformación y la creencia en supercherías? ¿Estamos todos preparados para mostrar nuestra privacidad a los demás de forma absolutamente abierta y sin restricciones? ¿Se volverá esta herramienta en nuestra contra? ¿Existen las leyes que nos protejan realmente de un ataque a nuestra intimidad más profunda? ¿Cómo debemos movernos en el mundo de las redes sociales, cuál sería la mejor manera para proteger nuestra intimidad, nuestra higiene mental, y que realmente sea una herramienta que potencie nuestra capacidad de juicio crítico y no nos condene a sufrir repercusiones negativas en un futuro?

Realmente los filósofos suelen inclinarse más por las preguntas que por las respuestas, lo siento. Pero creo que merece la pena que eches un vistazo a tus redes sociales, pero con los ojos del escepticismo y el criticismo y, si sientes el tremendo impulso de eliminar 100 o 200 amigos que realmente ni sabes quiénes son, restringir el acceso público a tu información, o dar de baja tu perfil y empezar de cero, lo mismo juntos, tú y yo, hemos conseguido excitar algún resorte olvidado y lleno de polvo.

Ser el listillo latoso

Como decía anteriormente, no sé en qué proporciones interactúen entre sí las tres esferas de la intervención educativa respecto de nosotros, el *sujeto de aprendizaje*. Lo que sí me consta es que en las primeras décadas de nuestro desarrollo es cuando mayor impresiones nos dejan o más nos afectan. Y, cuando uno no sabe bien las respuestas, la mesura, el término medio aristotélico, nunca es un mal inicio.

Es cierto que en movimientos de acción social las redes están ocupando un papel importante en las movilizaciones populares (primavera islámica, los indignados del 15M o el avance de nuevas fuerzas políticas de cambio como Podemos en España), pero nada podrá sustituir a la reunión y a la libre asociación *de facto* de las personas. En esto también la educación formal debe seguir siendo pionera, pues son las asociaciones de estudios e investigaciones, la libre unión de materia gris, las que han ido conformando a las propias instituciones educativas y han enriquecido a sus miembros y a la sociedad. Sin olvidar la labor de acercamiento entre el resto del mundo y los beneficios fácticos que estas instituciones brindan (investigación, desarrollo, mediación, etc.). El joven, el alumno, es entonces fundamental a todas luces, pues es él quien debe convertirse en el referente del pensamiento crítico en el seno familiar. En gran medida él tiene mayor y mejor formación que sus propios padres, quienes deben aprender a darle su sitio, a escuchar y a brindar las posibilidades necesarias para su expansión y evolución, que será la de todos. La familia debe brindar protección y posibilidades, y entre ellas está el formar parte de un todo más grande, de una vecindad, de un barrio, de un pueblo donde todos se conozcan y respeten, y los vínculos de confianza posibiliten avanzar en pro de la igualdad, el respeto mutuo y el conocimiento.

El siglo XXI es el anhelo de los que vivieron con intensidad el más brillante y a la par el más desolador de los siglos vividos por el animal humano. Jamás experimentó nuestra especie una lucha más encarnizada por el respeto de los derechos humanos y las libertades de los pueblos como en el siglo XX. Lamentablemente, el desconocimiento y el pensamiento único no nos permitieron completar esta labor, y nos han ocultado el fin último de estas luchas, que no es más que la felicidad de todos los pueblos. *Felicidad* es una palabra peligrosa y por eso la ensuciamos en los lodazales de los intereses particulares de políticos poderosos y empresas trasnacionales. Al final, nos atenaza el miedo, el miedo a soñar, a abrir los ojos, a ser dueños y responsables últimos de nuestras vidas.

Es miedo, no te engañes

Hablar del miedo siempre me evoca frío, un sentimiento primitivo y difícilmente tamizable por la razón, como lo son los auténticos sentimientos, como el amor o el humor.

El miedo, o más bien huir del miedo, siempre ha sido un motor fundamental del animal humano, desde el amigo que huía del dientes de sable al principio de este ensayo o el oficinista que, aterrorizado por la posibilidad, fundada o no, de perder su trabajo, se afana en demostrar que es mejor cada día o, más posible aún, intenta mimetizarse con el mobiliario de la oficina y sus propios compañeros para no destacar y pasar, como un grupo de ñus en estampida atravesando un río enlodado en el África salvaje, lo más inadvertido posible de las mandíbulas ávidas de sangre fresca de sus jefes.

El miedo ha estado presente en cada párrafo de este ensayo, aunque no de una forma directa y exhibida, porque hay palabras que lo eclipsan todo y pueden convertirse en el centro del discurso sin que el propio autor lo perciba y mucho menos lo domine. Pero es el ejercicio de la confianza un antídoto constante para ese miedo que aflora en todo momento cuando perdemos mínimamente las riendas de lo que creemos controlar, aunque este control sea un simple espejismo o un engaño, propio o propiciado por otro.

Miedo nos da ser conscientes de que nuestra temporalidad es un recordatorio constante de lo efímera de nuestra existencia, y aunque nos engañemos con la supervivencia de nuestro yo en futuros paraísos o cúmulos de energías esotéricas flotantes quién sabe dónde, no las tenemos todas con nosotros y nos aterroriza la posibilidad de desaparecer y convertirnos en nada tras morir. Y en parte el miedo tiene la culpa de que muchos se esfuercen en dotar de absoluta trascendencia el aquí y ahora, su aquí y ahora, no el tuyo, no te engañes. Porque cada cual se cree más importante y vital que el prójimo para que el mundo siga girando, porque pensar que el otro es más que tú da también mucho miedo, porque en una sociedad fracasada que se sustenta en el yo, no hay yo más importante que el mío y el del otro nunca será tan yo como yo.

Confiar es dar tregua al miedo, compartirlo, dividirlo y debilitarlo entre los demás. Aunque para eso debo tener la valentía de reconocer a los demás como yo mismo, o mejor aún, a mí mismo como parte de los demás. Y este ejercicio de la confianza ha funcionado, y aún lo hace, como ya lo hemos visto. Cuando la aparición de la *polis* relegó el sistema clánico a las selvas y rincones más recónditos de la geografía humana, incluso en estos espacios del olvido el clan siguió dando sostén y supervivencia al animal humano. Hemos inventado un mundo virtual que orbita constantemente sobre nuestro mundo-yo para darnos servicio y loar nuestra grandeza, y así seguimos buscando el refugio de pseudoclanes como las redes sociales, donde podemos ser «nosotros mismos», o la mejor parte de nosotros que podamos mostrar, donde se reduce el miedo al rechazo, al destierro, aun a costa de enturbiar el mundo, de hacerlo más chico, más oscuro.

Qué animales y qué políticos

Que el mundo es una mierda es algo que muchos repiten sin cesar, aunque realmente no tengan ni idea de lo que dicen y, por supuesto, no asuman jamás la responsabilidad que dimana de sus palabras.

La posibilidad de un cambio es real, no me cabe ninguna duda. Pero es tan real como difícil y quizá nunca lo logremos, porque francamente no hay voluntad por ninguna de las partes: ni de aquellos que gozan del privilegio de mirar para abajo, ni de los que, estando abajo, se atreven siquiera a pensar en la posibilidad de mirar hacia los lados, así que mucho menos para arriba.

La imposibilidad, impuesta por nosotros mismos, de la confianza en el animal humano, es resultado de la asunción de unos modelos sociopolíticos, y sus reflejos filosóficos y éticos, que solo han conseguido aumentar el extrañamiento y la distancia entre nosotros mismos. Y nos ha abocado a una realidad que fracasa al cubrir nuestras necesidades primeras como animales políticos.

Eventualmente, algunos activistas sociales nos revelamos ante esto en oleadas que a duras penas llegan a formar corriente, y alzamos el puño ante la impotencia que nos genera una masa social desapegada políticamente y que no hace más que perpetuar por la inacción el modelo actual, repitiéndose para sí la letanía de que «el mundo es una mierda, pero otros están peor que yo». E intentamos buscar nuestros espacios para la crítica, la reflexión y la propuesta activa, escudriñando en la mirada del otro, pretendiendo encontrar a nuestros iguales para esta descorazonadora batalla. Pero pareciera que Voltaire, riéndose del pobre Cándido que asumía que este mundo es el mejor de los mundos posibles mientras lo azotaban o zozobraba ante las calamidades naturales, no hizo más que describir al grueso del género humano ingenuo, que asume su realidad como la única posible, que antepone su yo a la composición del universo, que heredero de ideas de hace 2 500 años de las que jamás será consciente, ha reinterpretado aquel sofisma de Protágoras, «el hombre es la medida de todas las cosas», para aseverar que él es la medida de todas las cosas y que aquello en lo que su «yo» no participe, ni tenga conocimiento, simplemente no existe o no es importante para que el mundo siga su órbita alrededor del Sol. Y no nos podemos librar, porque todo el orbe educativo que nos moldea y da la propia posibilidad de discrepar de sí mismo, como hago en este libro, es una composición estructural de vasos comunicantes entre sí, y en este caso quemarlo todo y comenzar de nuevo no es una posibilidad.

Asumir un cambio del modelo ético actual, sea cual sea el que ahora queramos definir como vigente, hacia una ética de la responsabilidad es imposible en tanto que no seamos capaces de rescatar o redefinir el modelo sociopolítico clánico, aunque sea en pequeñas demarcaciones o círculos artificiales dentro de nuestras monstruosas ciudades colmena; pero debemos hacerlo precavidos y avisados para no caer en la amenaza de los pseudoclanes autocomplacientes, lenitivos de conciencias y pulsiones de cualquier posibilidad de cambio.

El asumir que no somos tan diferentes y que está en nuestras muchas similitudes la posibilidad de regenerar la confianza mutua sucederá si dejamos de medir el mundo por el tamaño de nuestras manos y nos volvemos críticos. No debemos aceptar cándidamente que este es el mejor de los mundos posibles, pero tampoco que es una mierda, porque todo, desde nosotros mismos como animales humanos, es absolutamente perfectible, pero no desde la soledad, sino en comunidad y asumiendo con orgullo la parte del juego que nos toca.

Nunca hemos estado en una situación tan extrema de fragilidad social, nunca hubo tantos habitantes en el planeta como los que habrá cuando leas estas palabras, nunca hubo mayor desigualdad entre las diferentes clases sociales, y nunca hemos estado tan a la vanguardia de nuestras posibilidades de conocimiento y de adelantos tecnológicos y científicos en todos los campos imaginables. Por eso el mundo no es una mierda, es una realidad absolutamente poliédrica que no depende de ti para ser como es, pero sí de muchos como tú, que aún no se han dado cuenta de su importancia en él, para tener una posibilidad de seguir existiendo.

Esos pájaros dejados

Desde la soledad, tras las campanas de vidrio soplado que dan cobijo a los exóticos ejemplares de aves disecadas en los museos de ciencia natural, o aun en el vuelo circundado por edificios, es casi imposible oler los humores que desprende la gente que pasea, curiosa, señalando con el dedo y admirando los distintos colores de los plumajes, la longitud de algunos picos y sus formas extravagantes de posar ante los curiosos. Unos son ejemplares a los que el paso del tiempo hizo perder el apresto del maestro taxidermista: se les han caído muchas plumas y muestran calvas que exponen la paja con la que están rellenos, así que han sido relegados, por las manos diestras del museógrafo en turno, tras otros que pintan más frescos y lozanos, como recién capturados y aún con el estómago lleno de gusanos e insectos de un mundo lejano y olvidado.

Y ninguno canta ya, quizá porque están muertos, quizá porque saben que nadie podrá escucharlos claramente allí encerrados. Pero pareciera que se conformaran, que se resignaran, que aceptaran que al fin y al cabo no se está tan mal allí. Aunque cada vez sean menos los visitantes que se pasean ante ellos, aunque la mayoría de las veces se tengan que conformar con contemplarse unos a otros en silencio.

Tres escenarios apocalípticos

Que la realidad supera a la ficción es un cliché literario en toda regla pero, como todos los clichés vienen como anillo al dedo, lo uso en esta ocasión.

Después de todo lo dicho, muy a la ligera y sin ahondar mucho en las diferentes temáticas, lo sé, lo que nos queda claro a todos es que estamos jodidos si no hacemos realmente algo radical por cambiar la realidad del mundo en el que nos ha tocado vivir, eso es obvio. Aunque la radicalidad muchas veces esté en molestarse en saber el nombre de los hijos de nuestros vecinos y saber a qué se dedican estos laboralmente.

Aun sin hacer nada podremos seguir escondiendo la cabeza durante algunos años más, podremos no asumir nuestra responsabilidad en el juego, podremos intentar enmascarar nuestras carencias y deficiencias y podremos, incluso y si nos los proponemos, seguir renegando de nuestra animalidad humana. Pero la pregunta no es si podremos hacer todo esto o no, pues ya lo hacemos y mira qué bien nos va, ¿no es cierto? La pregunta real es durante cuánto tiempo podremos seguir con esta actitud antes de hacer que el planeta reviente por cualquiera de sus muchas costuras ya tan dadas de sí.

Pensar que en el año 2050 la población de la Tierra superará los 10 000 millones de habitantes no es ningún consuelo. Y si seguimos echando al mundo humanos desnaturalizados, egoístas, estúpidamente individualistas y sin ningún tipo de pensamiento crítico ni autónomo, no habrá universidad, ni superfilósofos, ni programas televisivos de divulgación científica que sean capaces de desasnar a tanto torpe. Realmente estaremos contando las horas para un certero apocalipsis, más cercano a una película de serie B que a las palabras enigmáticas de san Juan en el libro de Revelaciones: «Quien tenga conocimiento que entienda».

Así pues, y en la línea de pensar que nada de lo que hagamos los que alardeamos de sensibles ante los diferentes aspectos del animal humano, y de críticos y escépticos ante la idiocia, sirva para absolutamente nada y estemos condenados al «y tú más» hasta niveles irredentos, se me ha ocurrido un ardid literario propio de mi extrema afición al género de la ciencia ficción para dar por terminado este librito tan toca narices.

Fantaseemos con tres posibles futuros, tres futuribles que se asientan en experiencias ya padecidas en el pasado, y que hasta cierto grado pueden volver a suceder en un mundo masificado, hipertecnológico y absolutamente diferenciado y segregado en distintas clases socioeconómicas.

1) La pandemia

Hablar de pandemias hoy es pensar inmediatamente en todo tipo de apocalipsis zombis, en películas como *El último hombre vivo*,[15] la nueva versión de *Soy leyenda*[16] (que es realmente la tercera sobre el mismo tema, pues ya hubo una primera mucho más antigua basada en una novela de Richard Matheson), *Guerra mundial Z*,[17] la saga *Resident*

[15] B. Sagal (director), W. Seltzer (productor), *El último hombre vivo* (1971), Estados Unidos: Warner Bros.

[16] R. Stoner (director), D. Heyman (productor), *Soy leyenda* (2007), Estados Unidos: Warner Bros.

[17] M. Forster (director), B. Pitt (productor), *Guerra mundial Z* (2013), Reino Unido: Skydance Productions.

Evil.[18] También nos vienen muchas otras referencias cinematográficas un poco más serias, y que en muchos casos son aproximaciones más o menos acertadas de lo que podría suceder, como la película *Contagio*[19] o en la genial *12 monos.*[20] Pero el germen terrorífico de estas películas está en la certeza de que ya hemos sufrido pandemias reales que azotaron la Tierra en el pasado, y no fueron precisamente para observarlas comiendo palomitas: desde la plaga de Atenas en el 430 a. C., que acabó con un cuarto de la población, hasta la gripe española de 1918-1919 que pudo fácilmente acabar con 50 millones de personas en el planeta, pasando por la devastadora peste negra en la Europa del siglo XIV que se merendó a un cuarto de la población, y en muchos otros casos incluso a la mitad. La posibilidad de una pandemia mundial se refuerza por una mera cuestión cuantitativa. Es cierto que los adelantos médicos y la profilaxis preventiva (cosas como las normas de higiene básicas, cocinar debidamente los alimentos o beber agua en buen estado) son cosas tan comunes como la red Wifi de pago en las zonas comunes de los aeropuertos. No todo el planeta goza de los mismos privilegios de la modernidad, aunque sí todos tienen aeropuertos, y esto es muy importante destacarlo. La posibilidad de propagación de una nueva enfermedad, o de una cepa mutada de una ya existente, es tan real que la Organización Mundial de la Salud siempre está alerta ante dónde y cuándo aparecerá el siguiente caso.

Pensando en un futuro próximo con 10 000 millones de habitantes en el planeta, donde más de tres cuartas partes vivamos a un paso de la economía de subsistencia, y las posibilidades de recorrer el mundo de punta a punta en tan solo unas horas sea tan real como los muertos de hambre por minuto, no es ninguna fantasía considerar la eventualidad de una pandemia realmente jodida que sea capaz de

[18] P. Anderson (director y productor), *Resident Evil* (2002), Estados Unidos: Constantin Film.
[19] S. Soderbergh (director), G. Jacobs, (productor), *Contagio* (2011), Estados Unidos: Warner Bros.
[20] T. Gilliam (director), R. Cavalio (productor), *12 monos* (1995), Estados Unidos: Universal Estudios.

esquilmar a los humanos como nosotros estamos haciendo con los atunes en los mares.

Ante una situación así, aparte del terror que esto nos pueda ocasionar tan solo de imaginarlo, cabría destacar que el descaste poblacional se consumaría sin perjuicio de inmuebles, tecnologías, archivos históricos, y cualquier otro material tecnológico o cultural. Esto es, una buena pandemia, de esas de tomarse en serio, que dejara la población reducida a mil millones de seres humanos, brindaría la oportunidad de una redistribución poblacional a lugares más bondadosos para la vida y, al mantenerse el adelanto tecnológico, sería de esperar que esta lucha contra un mal común posibilitara un giro en el pensamiento y la conducta del animal humano. Un resurgimiento del espíritu de grupo, del clan que lucha por la supervivencia contra un enemigo invisible, y precisa de reforzar y sostenerse en los lazos de confianza mutua.

Claro que especular sobre esto es cosa bien sencilla, sobre todo desde la comodidad de un despacho poniendo en circulación todo tipo de delirios cinematográficos, pero ya que andamos fantasiosos sigamos.

2) La tormenta solar

La tormenta solar en términos más técnicos se llama *tormenta geomagnética*. Se produce cuando una llamarada solar, un estallido intenso de radiación, alcanza a la Tierra y modifica las corrientes eléctricas de la ionosfera. A mayor actividad solar mayores efectos sobre la Tierra. Si tan solo es una erupción solar, puede interrumpir las telecomunicaciones en la Tierra al expandir la atmósfera del planeta hasta la zona en la que orbitan los satélites llegando a provocar que caigan. Si es una tormenta de radiación puede achicharrar circuitos eléctricos en la superficie del planeta e incluso afectar a las personas. Pero si se produjera una eyección de masa coronal (plasma compuesto de electrones y protones en su mayor parte) y su campo magnético estuviera orientado al sur no solo podría quemar circuitos: podría destruir los transformadores eléctricos y los sistemas de comunicación de todo el planeta.

El 1º de septiembre de 1859 se registró la que hasta la fecha se considera la mayor tormenta solar de la historia: el *evento Carrington*, llamado así en honor al astrónomo aficionado Richard Carrington, quien observó la más grande erupción solar de la que tenemos conocimiento. Después de 17 horas y 40 minutos de contemplar este fenómeno desde su observatorio a las afueras de Londres, los efectos de la eyección golpearon la Tierra. Todos los sistemas de telegrafía que ya funcionaban desde 1848 en Europa y América del Norte fallaron, cortocircuitaron y en muchos casos provocaron incendios. Las auroras se pudieron ver en Roma, Madrid e incluso en La Habana y Hawái.

La cosa no fue a mayores porque realmente el desarrollo de la industria eléctrica en la época era algo meramente anecdótico. Pero para que nos hagamos una idea de lo que podría pasar, en marzo de 1989 una tormenta solar, en nada comparable con el evento Carrington, provocó que la planta hidroeléctrica de Quebec se parara durante más de nueve horas, causando daños y pérdidas por cientos de millones de dólares.

Si nos tomáramos en serio la ley de Murphy, aquella que enuncia que «si algo puede salir mal, saldrá mal», aunque para que sea completa hay que tener siempre presente el factor humano, y dado que el animal humano tiende siempre a encontrar relación entre las cosas, no es descabellado pensar que el evento Carrington puede volver a suceder, y que además nadie puede darnos garantías suficientes de que no suceda, cuando ocurra, de forma mucho más virulenta y dañina.

De ser así nos encontraríamos en un caso totalmente opuesto al de la pandemia del pasaje anterior. Una pandemia mermaría considerablemente de vida humana en la Tierra, provocaría un descaste de dimensiones apocalípticas pero, como comentaba, no habría pérdida de la tecnología, del potencial cultural, científico y tecnológico acumulado, y esto brindaría la posibilidad de un renacer más favorable. En el caso de un Armagedón causado por una tormenta solar de proporciones bíblicas, más de 7.600 millones de personas (en el afortunado caso de producirse ahora mismo, y no en el 2050 que como ya sabemos serían más de 10 000 millones de desgraciados *Homo sapiens sapiens*) retrocederíamos tecnológicamente a antes de la primera revolución industrial, siendo generosos, en menos de unas pocas horas. Nuestra absoluta dependencia de la energía eléctrica, se produzca esta como se produzca, y una tecnología basada en lo digital (aeronáutica, automotriz, telecomunicaciones, etc.) sería nuestra llave maestra para reabrir las puertas del Medievo, en un momento en el que las sociedades avanzadas ya no saben cultivar la tierra con una azada, donde los arados están en los museos y no hay animales especializados que tiren de ellos, donde los altos hornos de la siderurgia funcionan por inducción y las vacunas de las enfermedades más comunes, o más dramáticas, se guardan en refrigeradores.

Entre los descreídos y los catastrofistas hay una frase que se repite con cierta periodicidad: «Siete comidas distan entre la civilización y la barbarie». Vivimos en muchos casos en ciudades colosales que precisan de reabastecerse constantemente de alimentos, agua, energía y de drenarse de basuras y aguas sucias con la misma profusión que de alimento, gas o diésel. Una vez eyectada la suficiente masa coronal del Sol para freír desde el primer satélite de comunicaciones hasta el último *chip* del último tractor de la ciudad argentina de Ushuaia, nos quedará menos de un día para huir de las ciudades, si es que nos llegan a informar de este suceso. Huir de las ciudades y refugiarnos en el campo sería una forma de alargar nuestras posibilidades de supervivencia. Pero las ciudades con más de tres o cuatro millones de habitantes tienen una mancha urbana tal que «el campo» (el mundo agrícola que aún en ese momento pueda dar cierta capacidad de autosuficiencia alimentaria) queda demasiado lejos y además, no nos engañemos, deberá pasar más de un día para que el animal humano se plantee siquiera abandonar sus casas, sus pantallas gigantes e inservibles, sus computadoras, sus licuadoras, sus teléfonos celulares y sus coches cargados de tecnología. Más concretamente, y si nos tomamos en serio el refrán agorero de las siete comidas, serían tres días y medio los necesarios. Durante las primeras horas de incertidumbre la población no sabría qué hacer, tendría que hablar con sus vecinos porque los teléfonos serían totalmente inservibles, y cuando el pánico llegara, cuando la inteligencia individual da paso al animalismo colectivo, todos se tirarían a saquear las tiendas y supermercados, las tarjetas de crédito no funcionarían, el supermercado no nos podría cobrar y los cajeros finalmente se lanzarían a los estantes tan pronto como se dieran cuenta de que no tiene sentido quedarse de brazos cruzados. Pero no estamos educados para este tipo de supervivencia, no sabríamos qué llevarnos y muchos robarían congelados, comida procesada, cosas que ni podrán mantener por mucho tiempo en buen estado y en muchos casos no podrán cocinar. El suministro de agua quedaría suspendido a las pocas horas de que las cisternas en altura quedaran vacías, la noche sería la más oscura en siglos y aquellas personas que vivan en las plantas altas de los edificios más altos posiblemente serían los primeros en desesperar. En tres días ya no habría qué comer ni beber en las grandes ciudades y a partir de aquí cualquier intento de imaginar lo que podría suceder se quedará corto. Si buscamos en la filmoteca nos encontraremos cintas para todos los gustos: *Mad Max*,[21] *El libro de Eli*[22] o *La carretera*,[23] cualquiera de ellas nos muestra un panorama nada alentador. Pero lo que sí es cierto es lo que no seremos capaces de hacer cuando no hayamos comido en más de tres días y nuestros hijos y el rugir de nuestras propias tripas nos hagan olvidar que una semana antes veíamos películas de superhéroes en Netflix.

Algo que siempre me ha aterrado es la descripción de la llegada de la guerra que hacen los reporteros en contiendas. He tenido la oportunidad de hablar con alguno de ellos y todos coinciden en que el desastre llega en unas horas, y en unos días toda la grandeza

[21] G. Miller (director), D. Mitchell (productor), *Mad Max: Fury Road* (2015), Australia y Estados Unidos: Village Roadshow Pictures.

[22] Hermanos Hughes (directores), J. Silver (productor), *El libro de Eli* (2010), Estados Unidos: Warner Bros.

[23] J. Hillcoat (director), N. Wechsler (productor), *La carretera* (2009), Estados Unidos: Dimension Films.

de aquellas sociedades, todo el esplendor de las hermosas ciudades desaparece y nadie es capaz de recordarlo hasta pasados muchos años, una vez acabado el conflicto.

Las consecuencias de un acontecimiento de estas características harían retroceder el reloj cultural del planeta cientos de años, las consecuencias demográficas serían incalculables, pero lo que es seguro, es que cuando las bombillas volvieran a brillar, y cuando los satélites volvieran a orbitar repitiendo señales, el plano geopolítico de la Tierra sería absolutamente diferente.

3) La Tercera Guerra Mundial

Albert Einstein dijo: «No sé con qué armas se luchará la Tercera Guerra Mundial, pero sí sé con cuáles lo harán en la Cuarta Guerra Mundial: palos y piedras». Lamento ser tan absolutamente agorero pero, revisando nuestro palmarés de logros históricos, si hay una constante ininterrumpida que ha ido determinando los meandros de nuestros acervos culturales, son las guerras. Guerras abiertas o encubiertas, guerras de las que tenemos amplios testimonios o guerras, como las decenas que hoy en día se suceden en cualquier rincón del mundo, de las que jamás sabremos ni una palabra.

Nada nos distingue hoy del cruzado, del conquistador, del fanático religioso de otros tiempos, del asesino vestido con traje de raya diplomática que desde los despachos juega con la vida de miles de millones de seres humanos. Todos estos clichés y muchos más los podemos encontrar en una revisión rápida a alguno de los millones de videos que pululan por internet, páginas de periódicos digitales o en papel, o en las papeletas de votos de las elecciones en turno, en los reversos de las monedas y billetes de curso legal de cualquier país.

¿Qué nos hace creer que no habrá una Tercera Guerra Mundial? La certeza de que no pueda haber posteriormente una cuarta en varios cientos de millones de años, y de que muy probablemente la esperanza en una futura biodiversidad del planeta se reduzca a las posibilidades evolutivas de unas cuantas cucarachas, no será nunca impedimento para frenar las aspiraciones de aquellos fanáticos imbéciles que creen estar legitimados para ser el azote del apocalipsis. Y los enemigos no han de faltar, ese no es problema, porque aun sin tenerlos somos maestros en inventarlos.

El mundo sigue siendo un polvorín 70 años después de saber de lo que fuimos capaces usando la energía del átomo sobre dos ciudades que nunca podrán olvidar el horror y el odio del que fueron víctimas. Pero ha dado igual, porque el sacrificio humano siempre ha sido inútil, nunca ha sido realmente aleccionador, no aprendemos sobre el dolor ajeno, ni sobre el propio y, si realmente conseguimos aprender algo, la siguiente o la consiguiente generación lo olvida, disuelve ese recuerdo y, como nunca hubiera querido Nietzsche que pasara, repetimos y repetimos la historia.

Da igual qué motive a las grandes potencias, o a las chicas, a iniciar un conflicto bélico, o a permitir por inacción que este suceda. No solo es culpable el que tira la piedra, sino también el que viendo la agresión mira para otro lado y no actúa, porque significa que no comparte el dolor del que recibirá la pedrada o que está conforme con el daño que se le está infligiendo por la razón que sea: por beneficio directo, por eliminación de un rival, por no importunar al que agrede, por no involucrarse en un conflicto que más tarde o más pronto siempre afectará a todos… Porque todo es la misma mierda. Porque ya no vivimos en un mundo de rincones recónditos donde se pueda permanecer inerte, escondido, sin hacer ruido y pasar inadvertido. Poder comerte una Whopper en cualquier esquina de la Tierra es estar involucrado ante cualquier conflicto bélico, de forma directa o indirecta, y la realidad es que nadie se libra de esto.

No dudo que haya una pandemia que asole la Tierra, no dudo que haya una tormenta solar que un día achicharre cualquier tecnología que en ese momento nos facilite la vida y nos devuelva a la oscuridad, y no dudo, ni en lo más mínimo, que cuando suceda la Tercera Guerra Mundial esta nos regresará del día a la noche a las cavernas. De lo que dudo es del orden en el que estos acontecimientos se sucederán. Mientras tanto, los filósofos seguiremos escondidos en nuestras urnas de cristal polvorientas, como pájaros disecados y solos, o volantes en un cielo acotado, viendo cómo la humanidad se hace jirones sin poder hacer nada, sin ser escuchados, sin ser tomados en cuenta más que por nosotros mismos, aun a sabiendas de que no sirve para nada y entendiendo que quizá, del binomio animal humano, la parte que más daño ha conseguido hacernos es precisamente la segunda, ese maldito factor humano.

Continuará…

Audax sed cogita

Reflexión en forma de epílogo al aristotélico modo, sobre la obra de don David Pastor Vico
(o la defenestración del filósofo posposmodernista)

Carajo, qué final más jodido. No sé si ahorcarme o tirarme a las vías del tren. Mi amigo Vico me había contado mil veces que las reflexiones de los filósofos siempre tuvieron la finalidad de mejorar al hombre, su conducta respecto de su entorno y sus semejantes y la sociedad en la que vive, entre otras cosas. Y ahora, resulta que termina el libro diciendo que no tiene arreglo la cosa.

No me gusta hacer citas, pero se me viene a la cabeza aquella genial reflexión que en su día vomitó Aristóteles, aquella que decía que «el camino más directo hacia la felicidad es el de la sabiduría». Cierto es que he aprendido bastante después de la lectura del texto, por lo tanto, me siento más sabio, aunque contradiciendo al griego, no me siento más feliz. Me ocurre como cuando vi *Titanic*: es una grandísima película, pero al final, el barco se va a la mierda.

Hablando de otro clásico, si Descartes tuviese la mitad de las dudas que tengo yo en estos momentos, se habría suicidado tres veces. O cuatro. De qué me sirve pensar, si mi existencia es una mierda.

Insisto, no me gusta hacer citas, pero tras la lectura de este primer trabajo filosófico literario en forma de manual de iniciación del bueno de mi amigo Vico, se me viene a la cabeza aquella otra que en su día escupió Sócrates que decía que «la mejor forma de inculcar el conocimiento es mediante el sentido del humor» (no me gusta hacer citas porque las recuerdo, pero nunca al pie de la letra). Seguramente, habrá críticas dirigidas a este libro por parte de los más puristas en esta ciencia tan seria como es la filosofía, la cual me causa todo el respeto del mundo y la adoro y quiero como se quiere a una madre, pues así me lo enseñó el autor de este libro, pasión que los docentes con los que me tropecé en mi época estudiantil no supieron trasladarme, y que Vico supo inculcarme al más puro estilo socrático, a través de la sátira, la ironía y sobre todo, el sentido del humor. Razón por la que aceptaría cualquier tipo de crítica dirigida al texto o al autor, pero me tocaría el alma, la moral e incluso las pelotas que no gustara o gustase la relación humor-filosofía que impregna estas páginas. El problema siempre lo tuvo, lo tiene y lo tendrá todo aquel que no tiene sentido del humor. ¿Son compatibles el humor y la filosofía? Rotundamente sí.

Me alegro de que este melenudo, peludo y no menos valiente filósofo haya escrito este libro. Lo que ha hecho ha sido recopilar todas esas enseñanzas que en su día recibí de forma directa e indirecta a través de los medios de comunicación en los que trabajó, en esos camerinos que compartimos, en un libro que, como comentaba al principio, no deja de ser un manual de iniciación para todos aquellos que somos unos ignorantes en esta ciencia, siempre desde mi mísera y ruin opinión. David Pastor Vico tiene la habilidad de hacer que un necio como yo ame la filosofía como un perro ama lamerse la entrepierna: «Piensa, Sevilla, observa, reflexiona y llega a tus propias conclusiones por muy absurdas e intrascendentes que sean: la filosofía no se libra de los necios como tú, y recuerda que un ignorante, en el momento que reconoce que es un ignorante, ya no es un ignorante. La filosofía no tiene barreras ni peajes para nadie». Sabias palabras de mi amigo Vico.

Lo cierto es que no sé por qué pensé que un libro que comienza diciendo que el mundo en el que vivimos es una mierda podría acabar bien. Por lo tanto, si todo es una mierda, el autor de este libro y el propio libro en sí, que también forman parte del todo, son una mierda (esta reflexión es mía). Una mierda con 27 moscas verdes. Una mierda de oso. Lo dicho, que no se salva ni el apuntador: tanto el autor, como el libro, como mi yo, mi superyó y mi ello, sin olvidar mis citas a los clásicos, somos una mierda. Una súper mierda.

Con lo bien que hubiese quedado un final que dijese «De todas formas, lo único que nos queda a los filósofos es pensar, pensar cómo arreglar todo esto. Hay que tener esperanza en el ser humano para limpiar esta pocilga llamada *mundo*. Fe en el hombre y en su capacidad. Y si no lo arreglamos con el pensamiento, lo arreglamos a golpes. No todo es una mierda, piensa en lo positivo de la vida: la comida, el futbol, el sexo… ¿Por qué tiene que ser una mierda este mundo en el que vivimos?».

Pero no, el final de este libro de mierda, o de esta mierda en forma de libro, no puede ser más negativo. Y cuando hemos acabado pensando en que lo mejor sería quitarnos la vida para hacerle un favor a la especie humana en general, y a la comunidad de vecinos en la que vivimos en particular, luego resulta que el autor, así como para ponerle la cereza de mierda a este pastel, le dice a un amigo suyo que escriba esta mierda de epílogo que acabas de leer.

MIGUEL ÁNGEL RODRÍGUEZ EL SEVILLA

Por cierto, yo tampoco nunca vi guapo a Brad Pitt, siempre me pareció que tenía cara de zoquete, sin querer ofender a los zoquetes.

Agradecimientos

■

Mi más sincera gratitud a mis hermanos Francisco Anaya Benítez, Raúl Duarte Fernández, Alberto Flores Martínez y Adolfo Marcelino Pérez Contreras, que desde puntas separadas del planeta han dado alas a mis locuras.

A Hovik Keuchkerian por su infinita generosidad y humanidad.

Mi agradecimiento también a Jorge Rodríguez López, que supo frenar mis ansias, y a Juan Antonio Campos González, que me regaló más de una buena idea y más de una sonrisa.

Por supuesto gracias a Baltasar Garzón Real y a Miguel Ángel Rodríguez *el Sevilla*, por querer acompañarme en esta aventura.

A Enrique Calderón y Alejandro Olmedo por tener la valentía de dar conmigo los primeros pasos y apuntar alto las esperanzas.

Para terminar le agradezco a Estela Peña que me leyera con tanto cariño y a mi editora, la valiente, tatuada y armada Cynthia Chávez: gracias de todo corazón.

Sobre *Filosofía para desconfiados*

■

«Vico mete el dedo en una de las llagas más profundas de nuestra civilización: la pérdida de confianza en el prójimo. Un ensayo necesario que reivindica la recuperación del vecino en nuestras vidas».

Dr. José Carlos Ruiz (filósofo y divulgador, profesor de la Universidad de Córdoba)

«La filosofía de Vico se inserta en el mundo de la cultura, parte de lo cotidiano y nos invita a conocernos mejor. La filosofía de Vico huye de lo farragoso, rebosa humor y posee la claridad que a todos nos hace gozar».

Dr. Javier Sádaba Garay (filósofo, Catedrático Honorario de la Universidad de Autónoma de Madrid)

«Confianza, egoísmo, responsabilidad, filosofía, ética, redes sociales, política, y este mundo, que es una mierda. Vico logra, en un argumento apasionante, ligar estos y otros elementos para formar el relato de nuestra propia y posible destrucción. Y lo hace no sólo con claridad e inteligencia —conjunción ya de por sí valiosa— sino con humor y calidez. Una lectura deliciosa y perturbadora que invita a la acción».

Martín Bonfil Olvera (divulgador de la ciencia de la Dirección General de la Divulgación de la Ciencias de la UNAM)

«A mi juicio, David Pastor Vico es el 'pájaro filosófico' que requiere el género humano cuando la tecnología desbordante ha relegado los valores éticos consubstanciales a su esencia biológica y ontológica. *A fortiori* cuando la fratricida lucha de la Inteligencia Artificial entre EU y China —el verdadero paradigma que definirá en los próximos 5 años el devenir biosférico— exige un axioma bioético de armónica conducta universal. Debemos confiar en el 'pájaro filosófico'».

Dr. Alfredo Jalife-Rahme (analista de geopolítica, profesor de posgrado de la UNAM)

«*Filosofía para desconfiados* es una lectura fresca sobre el valor de lo humano. Es su crítica a la filosofía académica como un museo de ideas expuestas en vitrinas, capaz de causar admiración intelectual pero no de entusiasmar vitalmente. Su contenido suena con tal elocuencia que te pide que pienses para ahora, de lo ya vivido y de cómo plantearse lo que queda por vivir. Lo hace con su tono irónico, cínico y provocador. Con un lenguaje de la calle, a veces a bocajarro, no quiere que el lector se habitúe a la lectura aterciopelada de la filosofía, sino a la provocación de vivir como la única filosofía real».

Dr. Juan Carlos Suárez Villegas (filósofo, catedrático de Filosofía Moral de la Universidad de Sevilla)

«Me ha gustado esa idea de que el arte de alumbrar el pensamiento autónomo y crítico debería considerarse el motor que impulsa a la humanidad frente a los gurúes y las ideas inamovibles. La suma de esos pensamientos críticos es lo que puede llevar a una conciencia colectiva que incite a las personas a ir más allá, a no conformarse con los tópicos y las tradiciones rancias que coartan la libertad. Por mi parte, manifiesto mi intención de seguir escuchando atentamente a este pájaro solitario que hoy nos hace el generoso regalo de abrir nuevas sendas por las que pueda avanzar el pensamiento».

Baltazar Garzón Real (juez, político, abogado y catedrático)

«*Filosofía para desconfiados* ha venido a poner palabras a inquietudes que ya me pasaban por el alma desde niña. Con un padre español, huido de la Guerra Civil y de la Segunda Guerra Mundial, que solía aconsejarme 'no te fíes ni de tu padre', efectivamente, me hizo una desconfiada profesional. ¿En qué momento se armó este zafarrancho? ¿Cuándo aquello que dábamos por hecho empezó a ser ignorado? Sirva pues este libro para sanar nuestra alma de todas las suspicacias cotidianas. ¡Disfrútenlo!

Fernanda Tapia (periodista y comunicadora)